KB190664

사계절의 정원

사계절의 정원

52주 QT 주제에의한 성경 칼럼집

펴낸 이　정해우
지은 이　정해우
펴낸 곳　아침해가 떠오르는 땅
　　　　　(대한예수교장로회 신양교회)

초판인쇄　2022년 3월 7일
초판발행　2022년 3월 15일

출판등록　206-93-38649

대한예수교장로회 신양교회
서울특별시 광진구 뚝섬로 22길 8

아침해가 떠오르는 땅 문화센터 02-463-0415
목회지원실 02-463-1201 FAX 02-464-2262
www.morningcomeland.org

제작한 곳(Edit & Design) 메시지주보
02-2082-5512~5513
www.움직이는주보.com

ⓒ정해우 2022
ISBN 979-11-970843-1-7

값 17,000원

시계절의 정원

52주 QT 주제에의한 성경칼럼집

52주 주제가 업데이트되는 QT칼럼 | 정 혜 우 목사 지음

Life of Obedience, Holy Training, Called Community

MORNINGCOME LAND

아침 해 가 떠오르는 땅

매주 함께 나누는 QT가 더욱 강건케 합니다

언제나 글을 쓰고 책을 만들어 낼 때의 고민은 '혼자만의 독백' 이 아니라 나눔을 통해 '소통' 하고 공유를 통해 '은혜의 공동체' 를 세워가는 것이었다.

'칼럼' 이 그저 써야 하는 형식적인 글이 아니라 가슴 뜨거운 진심의 목회적 고백임을 하나님도 아실 것이다. 이 고백이, 또는 이 진심을 성도들과 나누고 공유할 때 말씀을 통해 삶으로 만나는 그 자리에서 거룩한 열매가 맺힐 것을 확신했다.

고민은 항상 우리에게 길을 제시한다. 말씀을 고민하며 삶을 나누었던 칼럼은 이제 '주제별 52주 큐티' 를 통해 성도들과 공유되고, 더욱 다양한 삶의 고백으로 꽃을 피우며 매주 큐티의 삶을 통해 열매 맺힐 것을 소망하고 기도한다.

정직하게 고백하건대, 매일매일 큐티하는 것이 가장 좋을 것이나, 분주하고 다양한 삶의 자리에서 그렇게 하기에는 너무 벅차거나 과제로 남아 부담을 줄 것을 글쓴이도 경험해 봐서 잘 안다.

그런 자신의 고백에서 '일주일에 한 번' 은 큐티를 통해 말씀으로 삶을 점검하고, 공동체가 하나의 말씀 가운데 다양한 믿음의 경험과 열매들이 공유된다면 그것 또한 부름 받은 공동체의 하나님 앞에서의 '영광스러운' 일이 아닌가 생각하여 '주제별 52주 큐티집' 을 발간하게 되었다.

정원은 마음의 고향을 닮았다. 정원의 꽃과 나무를 가꾸듯이 우리 마음도 가족과 함께 말씀을 심고 키울 때 가정에 화목의 꽃이 만발하게 될 것이다.

정원의 정취를 담아낸 이 52주 큐티집은 삶의 지혜와 깊이를 엮어 내는데 초점이 맞춰졌다. 그리하여 QT의 경건함을 넘어 험한 세상 질곡을 이겨 나가기 위한 영성의 정점으로써 큐티Cutie- 새로운 전략과 묘책 세우기를 목표로 하고 있다.

함께 고민하고 힘써 준 사랑하는 동역자 김동기 목사님께 감사드리고, 아울러 편집과 교정으로 애써 준 모든 교역자들께 또한 감사드린다. 좋은 책으로 문서 선교에 힘써준 이명재 장로님과 직원들께도 감사드린다.

끝으로 부족한 자를 위해 늘 기도해 주시는 신양교회 당회와 성도님들께도 감사하며 사랑하는 가족들께도 고마움을 전한다.

여전히 함께 하셔서 부족한 자의 길이 되시고 인도자 되신 하나님께 영광을 돌린다.

2022년 1월

저자 정 해 우

변화의 역사, 회복의 역사, 치유의 역사

정해우 목사님은 좋은 목회자다.
좋은 목회자는 좋은 말을 한다.
누구에게나 위로와 격려와 축복의 말을 한다.
그는 좋은 말을 하는 좋은 목회자다.
좋은 목회자는 좋은 글을 쓴다.
좋은 글은 길을 보이는 글이다.
구원의 길, 생명의 길을 보이는 글이다.
좋은 글을 쓰려면 잘 봐야 한다.
봄 여름 가을 겨울. 교회와 세상. 하늘과 땅과 바다, 나무와 풀과 꽃
시대의 징조
양 떼의 형편을 잘 보고 살펴야 한다.
그리고 잘 들어야 한다.
울음소리, 웃는 소리. 땅의 소리와 하늘의 소리
특별히 길이요 진리요 생명이신, 예수 그리스도의 말씀을 잘 들어야 한다.
잘 듣고 기도와 묵상으로 소화해서 표현해야 한다.
정해우 목사님은 복음이신 그리스도의 말씀을 잘 듣는다.
그리고 오늘의 언어로 잘 표현한다.
그는 양 떼와 소 떼에 마음을 두고 사는 신실한 목회자다.

신실한 믿음에서 좋은 글이 나온다.
좋은 글은 예수님 처럼 영혼을 사랑하는 마음으로 쓰는 글이다.
무릎과 순전한 구령(救靈)의 열정으로 쓴 글이기에 마음이 간다.
아멘이 된다.
진한 감동이 있다.
좋은 글에는 분명한 목적이 있다.
만남이다.
가장 귀하고 복된 만남은 생명이신 예수님과의 만남이다.
언제나 좋은 말을 하며
좋은 글을 쓰시는 목사님이 만남의 사다리를 놓았다.
이 큐티 나눔 집을 통해서 복된 만남이 있을 것이다.
변화의 만남, 회복의 만남, 치유의 만남이 있을 것이다.
이 만남의 감동은 멀리 갈 것이다.
이 만남의 기쁨은 오래도록 남을 것이다.
이 만남의 열매는 우리의 삶과 영혼을 아주 풍성하게 할 것이다.
복음이신 그리스도와의 만남의 쉼터를 만드신
정해우 목사님의 깊은 영성과 산고의 수고에 머리를 숙이며
사계절 말씀의 정원으로 여러분을 초대한다.

양의섭목사 왕십리중앙교회, 시인

이 정원에서 그윽한 안식을 얻기를

정해우 목사님, 평소 바라볼 때마다
풀린 듯 하면서도 단단한 느낌의 목사님.
드디어 그 단단함이 풀리기 시작했습니다.

남들은 코로나 바이러스 사태(?)로
어쩔 줄을 몰라 할 때
이분은 '사계절의 정원'을 조성하기 시작했습니다.

지금은 다들 쫓기며 살기에 마음이 분주하겠지만
그러나 이런 때 일수록 영혼의 정원, 쉼터가 필요하다고
아름다운 정원을 조성하기 시작했습니다.

원고를 받아든 순간, 그런 느낌이 듭니다.
이건 평상시 정 목사님 스타일이 아닌 것 같은데...
이렇게 아름다운 정원을 조성하려니 얼마나 힘들었을까...

문득, 떠오르는 옛 이야기가 있습니다.
이른바 '은혜 갚은 학의 전설',
자기 몸의 모든 깃털을 뽑아 아름다운 비단을 짜는 학.

참으로 좋은 책, '사계절의 정원' 원고를 받아들고
나는 깃털을 뽑아 한 올 한 올 비단을 짜는,
고통을 참아내며 비단을 짜는 그 학이 생각납니다.

'사계절의 정원' 은 그렇게 해서 탄생한 정원일 겁니다.
정말 바라기는 많은 이들이 이 정원에서 쉼을 얻기를,
평안함과 영혼의 그윽한 안식을 얻을 수 있기를 바랍니다.

이 정원에서는 찬송가 고백대로 될 것입니다.
'주님 나와 동행을 하면서 나를 친구 삼으셨네
우리 서로 받은 그 기쁨은 알 사람이 없도다.'

아, 이 '사계절의 정원' 은 주님이 거니시는,
그래서 누구든 예수님을 만나 함께 거닐며
타인은 알 수 없는 기쁨을 누리는 정원이 될 겁니다.

정해우 목사님, 정말 아름다운 정원을 만드셨습니다.
무엇보다 신양교회 교우들이 행복해하고,
정원에서 거니는 모든 성도가 행복할 것입니다.

축하합니다.

김은혜교수 장로회신학대학교 기독교와 문화

가정은 하나님이 주신 가장 아름다운 선물입니다

지난 2년 동안 코로나 팬데믹은 신앙생활에 많은 어려움과 전대미문의 변화를 가져왔지만, 가만히 생각해보면 코로나는 그저 한 시간 주일학교에 자녀들의 신앙을 맡겼던 부모님들이 강제적이라도 가정예배를 통해 경쟁과 성공의 가치에 내몰렸던 아이들을 주의 말씀으로 양육하며 자녀의 신앙교육의 중요성과 가정의 중요성을 깨닫는 기회도 주셨습니다.

신앙의 길이 부모로서 쉽지 않지만 길이지만 가장 훌륭한 부모는 자녀들에게 아빠와 엄마 같은 그리스도인이 되고 싶다는 말을 들으시는 분들입니다. 사랑하는 자녀들에게 물려주어야 할 가장 소중한 유산은 신앙임을 잊지 않아야 합니다.

자녀는 부모의 말로 변하지 않고 부모의 뒷모습을 보며 변화됩니다. 기도하는 부모의 뒷모습은 자녀들의 긴 인생에 영적인 기둥이 될 것입니다. 빗나간 자식을 앞에 두고 수 없는 논리로 설득해도 두 손 잡고 그 아이의 손등에 부모의 눈물이 뚝뚝 떨어지게 기도하는 그리고 나머지는 하나님께 맡기는 믿음이 자녀의 마음을 변화시킵니다.

가정예배와 가족모임은 거친 세상에서 살아가야하는 가족들에게 일주일의 정서적 안정과 생명의 양식을 제공하는 시간입니다. 가정에서 부모와 자녀 그리고 형제와 자매가 함께 나누는 말씀은 마치 깊은 우물에서 길은 생수처럼 우리들의 영혼을 적시고 가족들 한 사람 한 사람이 그리스도를 따라 한 주간의 삶을 살아갈 수 있도록 인도하는 샘터입니다.

양들을 푸른 초장으로 잔잔한 물가로 인도하시는 목자의 심정으로 양들의 형편과 처지를 가장 잘 아시는 담임 목사님의 귀한 도서인 '사계절의 정원' 52주 큐티집이 출간됨을 참 감사하게 생각합니다. 온 가족이 함께 모여 은혜의 공동체를 누리며 신앙의 가정을 세우는 귀한 초석이 될 줄 믿습니다. 특별히 그 어느 때 보다도 믿음이 흔들리는 성도들이 늘어나는 어려운 시대에 한주 한주 성도들이 가정과 삶의 현장에서 굳건하게 믿음으로 살아내기 위한 가족들이 모여서 영적 안내서를 나누고 친밀한 대화가 이어진다면 그 가정은 치유되고 회복되며 복되고 즐거운 가정이 될 것임을 확신합니다.

한 주간의 핵심 말씀을 함께 생각하고 돌아보고 마음으로 수용하고 살아내도록 세심하게 안내하고 있습니다. 함께 말씀을 읽고 받은 은혜를 나누고 말씀대로 살도록 서로 격려하고 칭찬하며 천국같은 가정이 되어가고 그 가정은 이미 이 땅에서 하나님 나라를 누리고 경험하는 아름다운 가정이 되는 것입니다.

우리는 하나님의 자녀이며 예수그리스도 안에서 거듭난 생명들입니다. 모든 성도님들께서 '사계절의 정원' 속에서 말씀에 뿌리를 내리고 기도로 우뚝서서 가정에서 일터에서 세상에서 선한 일을 도모하고 주님이 우리에게 약속하신 새 생명을 충만히 누리며 정오의 햇살처럼 빛나는 삶을 살아가시는 한 해가 되기를 소망합니다.

오방식 교수 장로회신학대학교 영성신학

기쁨과 소망이 담긴 은혜의 식탁으로 초대

성경은 하나님의 감동으로 된 것으로 우리를 구원에 이르게 하는 놀라운 하늘의 지혜를 담고 있습니다. 하나님은 성경을 통해 끊임없이 우리에게 다가오실 뿐만 아니라 당신의 말씀에 너그럽게 응답하여 말씀에 동참하는 삶을 살도록 초대합니다. 하나님의 말씀에 동참한다는 것은 말씀을 통해 다가오신 하나님과 말씀 가운데 머물며 교제하고 그 말씀에 순종하는 것입니다. 하나님의 말씀을 마음에 품고 그 말씀 안에 머무를 때 그 말씀은 이사야(55장) 선지자의 증언처럼 우리 안에 뿌리를 내려 싹트고 자라나 풍성한 결실을 맺게 되고, 나아가 황폐와 상실의 시대에 하나님 나라의 도래와 선취를 맛보는 환희를 누리며 살아가게 합니다.

신양교회 정해우 목사님은 오늘날 현대 그리스도인들이 말씀 안에서 주님과 교제하여 거룩한 열매를 맺는 삶으로 나아갈 수 있도록 아름다운 책을 출간하셨습니다. 말씀의 향연을 위해 정성껏 차려진 만찬으로 준비된 책, '사계절의 정원'은 52주 QT 영성 나눔 집입니다.

'사계절의 정원'은 기독교 교회의 오래된 말씀묵상의 방법론인 다섯 단계의 QT 훈련 방법을 활용하고 있습니다. 이 방법은 성경 말씀을 읽으며 나와 공동체에 들려주시는 하나님의 음성을 듣고(독서), 주어진 그 말씀을 숙고하며 그것의 깊은 의미를 깨닫고(묵상), 그 말씀에 나를 비추어 보면서 묵상한 말씀을 가지고 그분과 교제하고(기도), 마침내 겸손한 기도를 통해 온몸과 마음으로 아멘하며 말씀을 수용하고(말씀의 은혜를 맛보기), 마지막으로 그 말씀을 삶으로 살아내는 실천과정을 따릅니다.

'사계절의 정원'은 이러한 다섯 단계의 QT 훈련 과정을 통해 우리에게 말씀이 육화되는 것을 돕습니다. 구체적으로, 첫 번째 단계인 '말씀 읽기'는 어두운 마음을 밝혀주는 구절이나 단어를 발견하는 단계입니다. 둘째, '마음 닿기'는 나를 사로잡은 말씀-주제-에 대해 질문을 하면서 성령의 조명을 통해 말씀의 숨겨진 의미를 깊게 깨닫는 단계입니다. 셋째, '돌아보기'는 깨달은 말씀의 빛 가운데 나의 삶을 비추어 보며 기도하는 단계입니다. 넷째, '수용하기'는 말씀이 이루어지는 현실을 믿음의 눈으로 바라보며, 기도를 통해 그것을 내 것으로 만드는 단계입니다. 다섯째, '삶으로 살아내기'는 말씀을 삶 속에서 실천하면서 주님을 삶의 자리에서 체험하는 단계입니다.

이 책을 통해 말씀 묵상을 하게 되는 독자들은 정해우 목사님이 직접 말씀을 읽고 묵상한 것을 안내로 삼아 말씀의 깊은 은혜를 경험할 수 있을 것입니다. 더 나아가 각 주간에 제시되는 주제들을 따라 한 주간 동안 깊이 있는 묵상을 할 수도 있습니다. 또한, 주어진 본문과 정해우 목사님이 나누어 주신 글들이 한 주간의 기도의 삶 속에서 충분히 익숙해지면 목사님께서 제시해준 방법론을 따라 각자에게 주어진 말씀과 성령께서 깨닫게 해주신 말씀으로 기도하면서 주님과의 친밀한 사귐의 자리로 나아갈 수도 있을 것입니다.

'사계절의 정원'은 길을 잃어버린 세대 속에서 우리를 길이 되신 주님께로 인도하며 불안과 좌절 가운데서 말씀을 통한 하늘의 기쁨과 소망을 체험하는 은혜의 식탁으로 초대합니다.

가정을 말씀의 반석위에 세우는 귀한 사역에 감사드립니다

가화만사성(家和萬事成)이라는 말이 있습니다. 가정이 평안해야 모든 일이 잘 되어진다는 말입니다. 깊이 생각해 보면 맞는 말 같습니다. 가정의 사소한 문제조차도 '나비효과'가 되어 우리의 일터와 사회 관계에서 부정적인 영향을 끼치는 경우가 허다함을 경험합니다.

진정되지 않는 전염병의 확산과 이로인한 경제적인 어려움과 사회적인 갈등은 가정에까지 큰 영향을 미치고 있습니다. 외부에서 오는 불안한 요소들로 인해 가정이 위태한 상황에 놓여 있습니다.

이러한 위기의 상황에서 가정을 말씀의 반석위에 세우는 귀한 사역에 동참하게 하여 주신 하나님의 은혜에 감사합니다.
금번 신양교회는 "가정 세우기 프로젝트" 일환으로
온 가족이 함께 모여 말씀 큐티를 통하여 가정을 믿음의 반석위에 세우고,
가족이 서로 교제하는 거룩한 시간을 세우는 운동을 전개하고 있습니다.

이를 위해 정해우 담임목사님께서 말씀으로 가정을 세우는 귀한 사역을 위한 마중물로 52주 큐티집인 '사계절의 정원'을 기획하고 출판하게 되었습니다.

매주 '위클리모닝컴'에 실린 목사님의 컬럼을 통해 하나님의 말씀에 적용하여 시대를 읽을 수 있었습니다. 그리고 그리스도인의 정체성을 다잡는 계기도 되었습니다.

'사계절의 정원'을 통하여 가정이 말씀으로 회복되고, 그리스도인의 정체성을 회복하는 귀한 초석이 되길 바랍니다.

이제 이 거룩한 영적 흐름이 가정에도 흘러가기 소망합니다.

'사계절의 정원'을 통해 가정이 모이기를 소망합니다.

'사계절의 정원'을 통해 말씀이 가정을 다스리기 소망합니다.

'사계절의 정원'을 통해 세상을 말씀으로 분별하기를 소망합니다.

다시금 귀한 교재를 통하여 무너지는 가정들을 세우게 하신 하나님께 모든 영광을 돌리며, 이 교재가 선하게 쓰여지길 기도합니다.

2022년 2월

신양교회 시무장로 이 종 각 李鍾珏

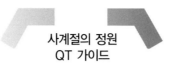

황폐와 상실의 시대를 이기는 52주 QT

공동체 성도와 나누는 QT 결정판! – 사계절의 정원

미증유 코로나 19의 두드러진 폐단은 '거리두기' 사람간의 관계 단절입니다.

여러 해째 겪는 이 단절로 사람들의 마음과 정서는 날로 황폐해지고 있습니다.

이 때 꽃과 풀과 나무가 있는 조용한 정원의 추억을 떠올려 보십시오.

분명 그 곳은 우리들 마음에 치유와 회복을 선사하는 값진 장소일 것입니다.

그러나 아쉽게도 아파트를 소유하며 정원을 상실하게된 많은 현대인들에게 있어

정원은 한낱 추억에 불과합니다.

이에 이 '52주 QT 칼럼집 '사계절의 정원'은 말씀을 갈고 닦아 공동체 성도와 공유함으로써

우리들 삶이 변화하여 성숙한 영성에 이르게 하는 길잡이가 될 것입니다.

희망을
기다리며 **I** **II** 부활의
기쁨을
노래하고

가꾸시는
따스한 **III** **IV** 성숙의
그리스도 향기를 흘
손길을 느끼며 날리며

사계절별 테마가 있는 Theme QT

정원을 품은 사계절별 QT테마는 I 희망을 기다리며 II부활의 기쁨을 노래하고 III가꾸시는 따스한 손길을 느끼며 IV성숙의 그리스도 향기를 흘날리며로 짜여져 있습니다. 일년 사계절 이러한 칼럼 테마는 교회 절기에 따른 QT 훈련단계를 거침으로써 궁극적으로 우리들 삶에 QT 적용에 의한 영성의 성장,성숙과정을 사계절 안내합니다.

52주간 말씀 주제가 업데이트되는 위클리 QT

위클리 QT의 목표는 하나님을 개인적으로 만나는 QT로부터 공동체 성도와 공유하는 QT로 하여 보다 깊어진 QT 영성으로 은혜의 공동체를 세우기 위한 동역에 있습니다. 따라서 일년 52주 공동체 예배와 함께 온 성도가 한 주제 말씀에의해 맺어진 다양한 OT 경험을 매주 서로 나누기 위하여 QT 주제가 52주 새롭게 업데이트됩니다.

52주간 QT를 통해 신양의 공동체에 새 부흥의 큐티 *Cutie*를!

말씀읽기 01 02 마음닫기 / 스텝 03 돌아보기 / 삶으로 살아 내기 05 04 수용하기

QT 효과를 높이는 5스텝 반복훈련

경건의 훈련, QT의 열매를 개인과 공동체 간에 올바로 적용,동역키 위해서 매 주간 5단계의 QT 훈련 과정이 반복,설정됩니다. 이 5스텝 단계는 1) 말씀읽기 2) 마음닫기 3) 돌아보기 4) 수용하기 5) 삶으로 살아 내기로 구성돼 있습니다. 나와 공동체에 주신 말씀을 받아 드림으로 시작하여 삶속에 말씀의 발견, 질문과 응답, 말씀의 삶속 적용, 말씀의 성숙단계로써의 실천등을 52주간 반복훈련함으로써 나와 공동체의 신앙성숙을 인도해 냅니다.

52주간 QT를 통해 신양의 공동체에 새 부흥의 큐티 *Cutie*를!

오늘의 황폐와 상실의 시대를 사는 신양 공동체 전 성도는 이 52주간 QT 칼럼을 통해 위기를 기회로 삼는 새 부흥의 큐티Cutie-거듭남의 새전략 청사진을 준비합니다. QT를 통해 Cutie를 세우고자 합니다. 나와 공동체가 1년 52주 QT 영성을 뜨겁게 나눔으로써 이 전대미문 감염병 시대속에 내가 강건해지고 교회가 든든히 서 가는 하나님의 은혜와 축복을 기도합니다.

차례

Contents

차례

Contents

V

새로운 시작
또 다시
희망을 품고

타이포그래픽 이　희　선 / 일러스트 이　예　진 / 에디트 리서치 이　명　재

I

기다림의 정원

희망의 기다림을 품고

5스텝
52주QT **01**

길이신 예수(Jesus the Way)

길 속에 길이 있다

STEP1
말씀 읽기
Reading Bible

예수께서 이르시되 내가 곧 길이요 진리요 생명이니 나로 말미암지 않고는 아버지께로 올 자가 없느니라(요한복음 14장 6절)

STEP2
마음 닿기
Mind-Touching

"길 속에 길이 있다! 형통 속에 형통이 있다!" 몇 해 전 지방에 거주하시는 가정에 심방을 갔습니다. 심방 대원들과 승합차로 이동을 했습니다. 교회에서 내비게이션을 따라 강북도로로 나가 외곽순환도로를 거쳐 경부선을 지나 서해 고속도로를 지나갔습니다. 다시금 국도로 진입했습니다.

달리는 차 안에서 고속도로를 보니 공사현장이 있었습니다. 한 줄기의 고속도로를 만들고 인터체인지를 건설합니다. 인터체인지에서 수많은 곳으로 길을 만들어 나갑니다. 길 속에 길이 만들어집니다.

나무가 자라는 것을 봅니다. 한 줄기가 하늘을 향하여 치솟아 자라고 있습니다. 그렇게 자라면서 수많은 가지를 치며 자라고 있습니다. 가지에 가지가 연결되어 나가며 나무는 무성하여집니다.

탄광도 그렇습니다. 깊이 파 들어가면서 옆으로 밑으로 수없이 많은 굴들이 형성되어 나가고 있습니다. 나중에는 갱도 지도를 만들어야 합니다. 갱 속에 갱이 있습니다.

책도 그렇습니다. 책도 읽고 쓰다 보면 자료가 방대해집니다. 식견도 넓어집니다. 연관된 내용이 또 다른 책을 읽게 만듭니다. 그래서 또 다른 책을 읽고 집필하게 됩니다. 책 속에 책이 있습니다.

돈도 그렇습니다. 돈이 돈을 모은다는 말이 있습니다. 유대인들의 탈무드는 말하고 있습니다. "돈은 모으는 것이 아니라 늘리는 것이다." 돈을 가지고 있으면 자꾸만 늘어납니다. 돈 속에 돈이 있습니다.

일도 그렇습니다. 일 속에 일이 있습니다. 한 가지 일을 하면 또 다른 일이 기다리고 있습니다. 그래서 한 가지 일이 잘 되는 사람은 이어서 계속 잘 되어 나가게 되어있습니다. 수고의 땀을 계속 흘릴 줄 아는 사람은 일이 잘 되어가는 형통의 사람입니다.

STEP3
돌아보기
Check-In

Q 길이 길을 만들고 확장합니다. 자신에게 허락된 길은 어떤 종류인가요?

A 자신이 속한 공동체에서 '선한 길'을 제시하고 있는지 생각해보고 어떤 길을 가고 싶은지 적어 봅시다. 좋은 습관은 좋은 길을 만들고 그것을 나눌 수 있습니다.
(예 : 매일 3분기도, 하루 30페이지 독서하기, 글쓰기, 운동하기 등)

STEP4
수용하기
Acceptance

교회 일도 그렇습니다. 어떤 일을 한 번 시작하면 그것으로 끝나는 것이 아니라 오히려 섬기는 기쁨이 충만해서 또다시 일하게 됩니다. 일속에 일이 있습니다. 무슨 일이든 일이 계속 잘 풀어지는 것은 하나님의 은혜입니다. 그러나 시작은 본인의 최선입니다. 일 속에서 일을 찾는 이들에게 계속 형통의 축복이 있었습니다. 성경에서 가장 형통의 은혜를 입은 사람을 찾아보라고 하면 요셉입니다. 아버지 야곱이 요셉을 축복할 때에 가지가 담을 넘는 축복을 하였습니다. 무엇을 하든지 축복이 넘치는 복이었습니다. 요셉은 어디로 가든지 하나님께서 형통하게 하여 주셨습니다. 형통 속에 형통이 있었습니다. 가정에서도 열 두 아들 중 아버지 야곱이 가장 사랑한 아들이었습니다. 아버지의 편애에 반항하면서 형들은 요셉을 애굽으로 팔았습니다. 성경 최초의 인신매매 기록입니다. 보디발 시위 대장 집의 종이 되었습니다. 요셉이 그 집에 들어가자 하나님이 그 집을 형통하게 하셨습니다. 보디발 아내와 간음을 저질렀다는 억울한 누명을 쓰고 감옥에 가게 되었습니다. 하지만 요셉은 감옥에서도 매사가 형통하였습니다. 감옥 생활의 형통을 통하여 요셉은 애굽의 총리가 되었습니다.

형통 속에 형통이 있었습니다. 한번 형통의 길에 들어서면 하나님께서 계속 형통의 길로 가게 하여 주셨습니다. 10 달란트 받은 종은 열심히 일하였습니다. 그리고 10 달란트를 남겼습니다. 5 달란트 받은 종은 열심히 일하였습니다. 그리고 5 달란트를 남겼습니다. 두 종은 계속 형통의 길을 걸었습니다. 그러나 한 번 형통하지 못한 한 달란트 받아 파묻어 두었던 종은 계속 불운의 길을 걸었습니다. 한 번 형통하기 시작하는 것이 중요합니다. 하나가 잘 풀리면 모든 것이 잘 풀리게 되어있습니다. 형통 속에 형통이 있습니다.

일 속에 일이 있습니다. 일이 많은 사람은 더 많은 일이 생기고, 일이 없는 사람은 있던 일감도 빼앗겨 버렸습니다. 일 속에 일이 있습니다. 일 많이 한 사람에게 하나님은 휴식의 축복을 주시는 것이 아니라 더 많은 일을 맡겨주십니다. 맡은 일에 충성을 다 할 때 더 큰 일도 맡게 되는 것입니다.

일 속에 일이 있는 대표적인 사람이 바울입니다. 한번 전도 일을 시작하자 갈 곳이 많아졌습니다. 오라는 곳은 한 곳도 없었습니다. 그러나 바울이 갈 곳은 온 세계였습니다. 평생 일하러 다녔습니다. 온 세계가 바울의 일터였습니다. 일을 시작한 사람은 일이 너무나 많아 견딜 수 없을 정도입니다. 일 속에 일이 있습니다. 주님을 위해 위대한 일을 시도하십시오. 그리고 시작하십시오. 할 일이 몰려올 것입니다. 작은 일에 충성하면 큰일을 맡겨주십니다. 그리고 크게 인정을 받게 됩니다.

STEP5
삶으로 살아내기
Living with Life

그렇습니다. 길 속에 길이 있습니다. 일 속에 일이 있습니다. 형통 속에 형통이 있습니다.

인정 속에 인정이 있습니다. 이 모든 길의 완성자는 길이신 예수 그리스도이십니다. 그분이 우리의 방법이고, 길이고, 내용입니다. 오직 주님이 허락한 그 길 안에서 모든 것을 이루어 낼 때 놀라운 축복을 받게 될 것입니다.

"주의 일을 하는 것은 축복의 씨를 뿌리는 것과 같습니다. 그리고 믿을 바에야 확실히 성경에 나타난 축복의 원리를 믿고 충성 되게 일하시기 바랍니다. 이것이 축복의 비결입니다."

[예수의 길로 가도록 순종을 구하는 기도]
우리는 주님과 연결되지 않으면 어느 순간 무너질 수밖에 없습니다. 주님이 원하시는 그 길을 온전히 갈 수 있도록 순종케 해 달라고 기도합시다. 구체적으로 주님이 원하시는 길을 정리해 봅시다.

5스텝 52주QT 02

위대한 멘토, 예수 그리스도(Great Mentor, Jesus Christ)

멘토의 시대

STEP1
말씀 읽기
Reading Bible

예수께서 그 곳을 떠나 지나가시다가 마태라 하는 사람이 세관에 앉아 있는 것을 보시고 이르시되 나를 따르라 하시니 일어나 따르니라(마태복음 9장 9절)

STEP2
마음 닿기
Mind-Touching

미국의 교육학자 로젠탈과 제이콥슨은 1968년 초등학교에서 지능검사를 했습니다. 그런 다음 무작위로 학생을 뽑아 "지적 능력이나 학업성취 가능성이 높은 학생들"이라고 거짓 정보를 줬습니다. 그랬더니 몇 달 뒤 실제 학업성적에서 이 학생들의 점수가 다른 학생들의 평균보다 높았고, 예전에 비해 크게 향상된 사실이 발견됐습니다.

칭찬은 사람을 마법에 걸리게 합니다. '피그말리온 효과'라는 심리학적 용어가 있습니다. 그리스 신화에서 따온 이 말은 자기 충족적 예언, 즉 어떻게 행동하리라는 주위의 예언이나 기대가 행위자에게 영향을 주어 결국 그렇게 행동하도록 만든다는 이론입니다. 이강이 교수(서울대 아동가족학과)는 "아이가 자기 자신을 가치 있게 여기고 존중하는 태도는 이후 또래 관계·학업 수행· 대인관계 등 전반적인 사회적 능력에 큰 영향을 끼치는데, 부모가 아이에게 건네는 칭찬과 꾸중 한마디를 통해 아이는 자신을 평가하고 자아존중감을 발달시킨다"고 말했습니다.

(출처: 다음 카페 '코이네 설교자료')

STEP3
돌아보기
Check-In

Q 멘토 같은 선생님이 계신가요?

A 그분을 생각하면서 자신이 그분에게서 배운 것과 배워야 할 것을 정리해 봅시다.

인생을 살다 보면 때로는 안개가 덮인 듯이 한 치 앞도 예측하기 힘들 때가 있는 법이지요. 그때 나의 고민을 듣고 위로나 조언을 해 줄 수 있는 존재가 있다는 것은 인생의 큰 축복입니다. 요즈음은 그런 사람을 멘토(mentor; 스승 역할을 하는 사람)라고 부릅니다. 멘토란 사전적으로 "경험과 지식을 바탕으로 다른 사람을 지도하고 조언해 주는 사람"을 말합니다. 그런데 사회적으로 멘토가 많이 요청된다는 것은 그 사회가 그만큼 한 치 앞도 예측하기 힘든 격동의 시기라는 것을 보여주는 것이 아닐까요? 요즈음은 뜨고 있는 멘토들이 너무 많아 오히려 혼란스럽습니다. 멘토들이 쏟아내는 말들에 숨쉬기조차 힘들다고 해야 하나요?

강준만 교수는 『멘토의 시대』(2012)에서 이러한 현상들에 대해서 이야기합니다. 제1장 '멘토 현상의 사회심리학'에 의하면 한국 사회에 멘토 붐이 휩쓸고 있는 사회심리학적 이유들 중 하나는, 만인이 만인에 대해 투쟁하는 신자유주의 시대에서 우리에게 '위로' 혹은 '힐링(healing)'이 필요하기 때문이라고 합니다.

지금 뜨고 있는 사회적 멘토들이 바로 그 역할을 감당하고 있는 것입니다. 지속되는 88만원 세대, 3포, 5포 세대의 '자기 연민'과 '청춘'이라는 코드가 SNS(Social Networking Service; 관계 테크놀로지)가 폭발적으로 발전한 디지털 시대의 하이터치(Hightouch; 고도화된 기술을 뜻하는 하이테크-Hightech-와 달리, 인간성을 내포한 감성적 작용) 욕구와 맞물려 사회적 멘토링이 폭발적으로 인기를 끌게 된 것입니다.

그러나 여기에서 많은 함정이 있다고 봅니다. 예를 들어 "무오류성의 함정"입니다. 대중과 소통하는 방식인 SNS에는 약점이 있는데, 역설적이게도 '대중성의 부족'입니다. SNS상에서는 서로 같은 견해를 가진 사람들이 소통하기 때문에 자신의 견해는 항상 옳고 지지받는다고 느낍니다. 특히 유튜브는 알고리즘을 따라 자신이 시청한 성향과 비슷한 류의 영상을 계속해서 추천해주기 때문에 특정한 방향으로 사고방식이 고정되어버릴 수 있습니다.

따라서 유튜브나 SNS를 통해 의견을 개진하는 분들은 자신의 의견에 몰입하게 되며 그 의견이 대다수의 동의를 얻고 있다고 착각하는 오류에 빠질 수 있습니다. 따라서 SNS에서는 이분법적 생각으로 내 편 네 편 가르고 사람을 갈아치우는 데 힘쓰는 대신, 보편적 가치를 위해 서로의 생각을 소개하고 조심스럽게 의견을 비평해야합니다. 무엇보다 보편적 가치를 추구하는 모든 사람들에게 '희망'을 주는 소통의 순기능을 회복해야합니다.

개인적으로 소설가 펄 S. 벅의 말이 오래 가슴에 남습니다. "희망이 사라지면 곧 도덕적 타락이 뒤 따른다(When hope is taken away from the people, moral degeneration follows swiftly after)." 우리는 어디에서 희망을 찾아야 할까요? 언제나 나에게 희망을 주는 멘토이신 예수님이 계십니다. 예수께서는 삶의 방향성을 잃지 않고, 모험심을 갖고 제자의 길을 따를 수 있도록 오늘도 믿음으로 도전하고 계십니다.

"나를 따르라"는 예수님의 초대에 응답해 그분과 인격적인 관계를 맺고 주님의 제자로 사는 것은 좁은 길을 가는 두렵고 떨리는 길이지만, "보물을 찾으러 가는" 놀라운 기쁨과 설렘이 있습니다. 주님의 제자로 사는 길에 하나님의 뜻은 확실히 드러나 있습니다. 성령 하나님이 함께 하시며 인도하시니, 하루하루 기대를 품고 살아갈 수 있습니다. 오늘도 믿음의 걸음을 걸읍시다. 멘토이신 주님께 기도 가운데 묻고, 성경 말씀을 묵상하며 답을 얻어 주님과 동행하는 멘티(mentee; 지도 또는 조언을 받는 사람)가 됩시다.

STEP5
삶으로 살아내기
Living with Life

이제는 나 스스로 다음 몇 가지 질문에 진지하게 답을 달아야 할 시간임을 깨닫습니다.

1. 어떻게 마음과 생각을 진리로 가득 채울 것인가?
2. 어떻게 하나님을 갈수록 더 깊이 사랑할 것인가?
3. 어떻게 증인이 되어 하나님의 사랑을 세상에 전할 것인가?
4. 어떻게 교회의 구성원으로서 주님의 사랑을 나타내겠는가?
5. 어떻게 모든 민족들에게 하나님의 영광을 전파하겠는가?
6. 어떻게 소수를 변화시켜 제자 삼는 제자를 만들 것인가?

[멘토이신 예수님에게 배워야 할 삶의 내용 간구]

스스로 생각하기에 부족하고 연약한 부분을 예수님의 모습을 통해서 고쳐나가길 간구하며 기도를 적어봅시다. 또는 예수님의 말씀 중에 내게 감동이 되는 모습을 직접 적어봅시다.

**5스텝
52주QT 03**

부름받은 공동체(Called Community)
5대 핵심 가치

STEP1
말씀 읽기
Reading Bible

내가 달려갈 길과 주 예수께 받은 사명 곧 하나님의 은혜의 복
음을 증언하는 일을 마치려 함에는 나의 생명조차 조금도 귀
한 것으로 여기지 아니하노라(사도행전 20장 24절)

STEP2
마음 닿기
Mind-Touching

교회는 기업이 아니지만, 때로는 세상의 기업에서도 배울만
한 것들이 있습니다. 세계적인 경영 컨설턴트인 짐 콜린스
(James Collins)는 그의 베스트셀러 『성공하는 기업들의 8가지 습관』에서 기업
의 핵심 가치, 혹은 이념, 신념의 중요성을 강조했습니다. 어떤 조직이든 그 조직
이 지향하는 핵심 가치가 있습니다. 핵심가치는 조직의 근본적이고 영원한 신념
을 나타내는 것이어야 합니다.

그 핵심 가치는 비전 혹은 사명선언서라는 형태로 요약될 수 있습니다. 교회로
말하면 목회철학이라고 할 수 있습니다. 콜린즈에 의하면 핵심 가치의 내용보다
더 중요한 두 가지가 있다고 합니다. 그것은 절실함과 일관성입니다. '그 비전이
얼마나 절실한 것인가? 오장육부와 뼛속 깊은 곳에서 나온 것이냐?' 하는 문제입
니다. 아름다운 미사여구의 표현이 아니라 삶의 일거수일투족에 실제로 반영되
는 단순 무식한 것이어야 합니다. 그래서 목숨을 걸 수 있어야 한다는 것입니다.
사도 바울의 고백에 의하면 생명보다 더 귀하게 여기는 사명이 되어야 합니다(행
20:24).

그리고 그것이 모든 조직 구성원이 깊이 믿고 모든 면에서 자신의 것으로 일관성
있게 적용되어야 한다는 것입니다. 지도자만이 절실한 것이 아니라 모든 구성원
들에게도 절실해야 하며, 한두 번 강조하다 끝나는 것이 아니라 조직이 존재할
때까지 펄펄 살아 있어야 하는 것입니다. 예를 들어 세계 최고의 기업 가치를 가
지고 있는 디즈니사의 핵심가치는 "행복을 파는 것"이라고 합니다. 디즈니의 모
든 직원은 고객의 행복을 위해 존재한다고 믿어야 합니다. 디즈니의 연수 교재에
다음과 같은 표현이 있습니다. "우리는 피곤해질 수는 있어도 결코 따분해서는

안 됩니다. 정직한 미소를 지으십시오. 그것은 우리의 내면에서 우러나는 것입니다. 당신의 미소에 우리가 급여를 지급하고 있다는 사실을 기억하십시오."

STEP3
돌아보기
Check-In

Q 자신의 삶에서 가장 중요하다고 여기는 것을 세 가지 정도 적어 보자.

A 공동체에서 비전, 또는 핵심가치라고 여기는 것을 내 삶에서는 '삶의 철학' 이라고 할 수 있는 것을 간단히 적어 보자.

STEP4
수용하기
Acceptance

위의 글을 읽고 저는 '과연 우리 교회의 핵심가치는 무엇인가? 우리 교회 성도들이 교회를 나오는 목적은 무엇인가? 우리 교회가 존재하는 이유는 과연 한 마디로 무엇인가?' 등에 대해 곰곰이 다시 생각하게 되었습니다.

하나님께서 무엇을 위해 교회를 부르셨는지요?

첫째, '예배' 를 위해서 부르셨습니다. 예배란 하나님께 영광을 돌리는 것입니다. 예배에 성공해야 인생에 성공하고 목회에 성공합니다. 예배가 성공하기 위해서는 목사가 설교만 잘해서는 안 됩니다. 평신도들이 좋은 예배를 드릴 수 있도록 좋은 예배자가 되어야 합니다.

둘째, '훈련' 을 위해서 부르셨습니다. 교회에서 가장 중요한 일은 예배 다음이 훈련입니다. 성도들이 예배만 참석하고 마는 교회는 건강한 교회가 될 수 없습니다. 끊임없이 말씀으로 교육받고 훈련받아야 합니다. 전 성도가 어떤 형태로든지 체계적인 교육과 훈련을 받아야 합니다. 모태 신앙으로 평생을 교회에 다녀도 제대로 훈련받지 못한 성도는 항상 제자리걸음입니다.

셋째, '전도' 를 위해서 부르셨습니다. 훈련의 목적은 세상을 섬기고 구원하기 위함입니다. 교회의 존재 이유는 세상의 빛과 소금이 되어 세상의 불신자를 주님 앞으로 인도하는 것입니다. 예수를 잘 믿는다는 것은 예배와 훈련과 전도에 최선을 다해 힘쓰는 것입니다. 성경적인 교회의 본질은 예배와 훈련과 전도(증거) 그 자체입니다. 예배가 은혜 넘치고, 훈련이 체계적이고, 전도가 생활화되는 성도가 많을수록 교회는 건강해지고 부흥됩니다.

이러한 교회가 되도록 최선을 다해 서로를 섬기는 것이 사역, 섬김, 혹은 봉사입니다. 물론 봉사와 함께 성도들이 즐겁게 교제하는 것도 필요합니다. 그래서 교회의 다섯 가지 사명(목적)을 '예배, 교제, 훈련(교육), 봉사(사역), 전도 및 선교'라고 하는 것입니다. 이 다섯 가지 활동에 최선을 다하는 것이 바로 교회의 핵심 사역입니다.

아래는 우리교회의 전교인이 예배시간마다 함께 드리는 공동기도문입니다.

「거룩하신 하나님, 은혜와 진리가 충만한 터전 위에 아침 해가 떠오르는 땅 신양교회를 세워 주시고 예수님의 사랑으로 사람을 살리고 사람을 세우게 하시니 감사합니다.

십자가의 사랑을 기억하며 주님을 더욱 사랑하는 마음을 가지고 주님을 본받는 거룩한 삶을 살게 하소서. 주께서 세우신 교회가 사랑과 은혜 넘치는 공동체가 되게 하사 교회의 본질을 잃지 않고 말씀 따라 행하는 교회되게 하소서.

하늘 문을 여는 예배로 하나님의 영광이 충만하고, 교회에 주신 선교적 사명을 잘 감당하여 세상 속에 충만하신 하나님의 사랑을 나타내게 하소서. 우리를 둘러싼 가정, 학교, 직장과 사회 속에서 작은 예수로 살며, 사랑과 섬김을 통해 우리 이웃을 예수님의 가족으로 세워가게 하소서.

그리하여 교회가 평안하여 든든히 서가고 주를 경외함과 성령의 위로로 흥왕하게 하소서. 우리를 회복시켜 주시고 주님의 몸 된 교회로 하나되게 하신 예수님의 이름으로 기도합니다. 아멘」

다 좋은 말이고 말 그대로 훌륭한 미사여구의 표현입니다. 그러나 짐 콜린스(James Collins)의 말처럼 얼마나 절실하게, 얼마나 일관성 있게 기도하고 실행하고 있는지에 대해서 깊은 생각을 해보아야하겠습니다.

STEP5
삶으로 살아내기
Living with Life

우리의 목적은 사람들로 하여금 예수 믿고, 성령 받고, 훈련받아 세상의 빛과 소금 되어 행복하게 살도록 도와주는 것입니다. 그 결과 우리 교회의 핵심가치인 "사람을 살리고 사람을 세우는 일"에 교회 모든 에너지를 집중하는 것이 중요합니다. 이 글을 읽는 모든 분들이 세상에서 잘 되고, 자녀를 잘 키우고, 하나님 나라를 섬기는 일에 협력하는 위대한 동역자가 되시길 소망합니다.

[교회와 이웃을 온전히 살리기 위한 나의 다짐 기도]

교회의 핵심가치를 바탕으로 교회 안과 밖, 이웃과 마을 공동체를 살려 낼 수 있는 방안들 중에서 내가 할 수 있는 구체적인 방법을 세 가지 정도 적고 기도로 마무리합니다.

5스텝
52주QT **04**

순종의 삶(Life of Obedience)

대계명, the Great Commandment, **대사명,** the Great Commission

말씀 읽기
Reading Bible

37 예수께서 이르시되 네 마음을 다하고 목숨을 다하고 뜻을 다하여 주 너의 하나님을 사랑하라 하셨으니 38 이것이 크고 첫째 되는 계명이요 39 둘째도 그와 같으니 네 이웃을 네 자신 같이 사랑하라 하셨으니 40 이 두 계명이 온 율법과 선지자의 강령이니라(마태복음 22장 37-40절)

19 그러므로 너희는 가서 모든 민족을 제자로 삼아 아버지와 아들과 성령의 이름으로 세례를 베풀고 20 내가 너희에게 분부한 모든 것을 가르쳐 지키게 하라 볼지어다 내가 세상 끝날까지 너희와 항상 함께 있으리라 하시니라(마태복음 28장 19-20절)

마음 닫기
Mind-Touching

「거룩하신 하나님, 은혜와 진리가 충만한 터전 위에 아침 해가 떠오르는 땅 신양교회를 세워 주시고 예수님의 사랑으로 사람을 살리고 사람을 세우게 하시니 감사합니다.

십자가의 사랑을 기억하며 주님을 더욱 사랑하는 마음을 가지고 주님을 본받는 거룩한 삶을 살게 하소서. 주께서 세우신 교회가 사랑과 은혜 넘치는 공동체가 되게 하사 교회의 본질을 잃지 않고 말씀 따라 행하는 교회되게 하소서.

하늘 문을 여는 예배로 하나님의 영광이 충만하고, 교회에 주신 선교적 사명을 잘 감당하여 세상 속에 충만하신 하나님의 사랑을 나타내게 하소서. 우리를 둘러싼 가정, 학교, 직장과 사회 속에서 작은 예수로 살며, 사랑과 섬김을 통해 우리 이웃을 예수님의 가족으로 세워가게 하소서.

그리하여 교회가 평안하여 든든히 서가고 주를 경외함과 성령의 위로로 흥왕하게 하소서. 우리를 회복시켜 주시고 주님의 몸 된 교회로 하나되게 하신 예수님의 이름으로 기도합니다. 아멘」

신양 공동체는 예배 때마다 이 기도를 고백합니다. 꽤 오랜 시간, 수 없이 많은 기도를 드린 셈입니다. 우리의 마음을 담아 믿음으로 고백한 이 기도에 우리의 삶을 어떻게 달라졌고 그 깊이는 얼마입니까? 이 기도를 생각하며 우리의 삶은 어떠한 지 돌아봅니다.

"말씀과 기도로 예수님의 성품을 닮게 하시고
주님의 십자가의 길을 따르는 신실한 그리스도인이 되게 하소서.
하늘 문을 여는 예배와 말씀 따라 사는 삶으로 하나님을 섬기며
사랑과 섬김을 통해 우리 이웃을 예수님의 가족으로 세우게 하소서.
주 안에서 가족 된 우리가 서로 사랑하게 하시고…"

한 문장 한 문장 그냥 지나칠 수 없는 무겁고도 거룩한 사명이 담긴 고백입니다.
매 주일 반복되는 고백이 혹시 입술에만 머무는 습관이 되어버린 것은 아닌지요?
아니면, 한 주간의 삶을 돌아보며 다시금 결단하고 믿음을 부추기는 채찍이 되었
는지요?

STEP3
돌아보기
Check-In

Q 공동 기도문을 읽을 때 어떤 생각이 드나요?

A 허공에 하는 기도인가요? 아니면 다시 한 번 자신을 돌아보면서 기도대로
살게 해 달라고 고백하고 있나요? 다시 위의 기도문을 낭독하면서 주시는
마음을 간단히 적어 봅시다.

STEP4
수용하기
Acceptance

성경의 핵심은 예수 그리스도와 그의 말씀입니다.
예수님 말씀의 핵심은 마태복음 22장에 나오는 〈대계명, the
Great Commandment〉의 "하나님을 사랑하고 이웃을 사랑하라"이고, 마태복음
28장에 나오는 〈대사명, the Great Commission〉의 "모든 민족을 제자로 삼으
라"는 것입니다.

즉 사랑 계명과 전도 명령이 성경의 핵심이요, 예수님의 강령입니다.

그러므로 우리가 예수를 잘 믿고 신앙생활과 교회생활을 잘한다는 것은 예수님
의 대계명(사랑 명령)과 대사명(전도 명령)을 잘 지키는 것을 의미합니다.

구역은 단지 소그룹 모임이 아니라 이 같은 대계명과 대사명을 실천하는 현장입
니다. 구역에서 하나님과 이웃을 사랑하고, 구역에서 영혼을 구원하고 제자를 세
우는 것입니다. 각 교구와 구역을 편성하고 교육하고 운영하는 이유가 바로 여기
에 있습니다. 대계명과 대사명을 잘 지키는 최선의 길은 우리 모두가 '관계 전도
자'가 되는 것입니다.

관계가 사랑이라면, 전도는 영혼구원입니다.

그러므로 관계 전도자가 되는 것은 최고의 가치입니다.

우리 교회에도 전도 프로그램이 있습니다. 〈파라솔 전도, 관계전도 세미나〉등입니다. 그런데 이런 각종 전도 프로그램이 왜 있을까요? 왜냐하면, 대사명의 실천이 사랑이고 사랑의 실천은 복음을 전하여 세상 사람들이 하나님께로 돌아오게 하는 것이기 때문입니다.

이러한 전도 프로그램은 어쩌면 전도의 훈련이라기보다는 '사랑의 훈련'이라고 하는 것이 더 적절할 것입니다.

STEP5
삶으로 살아내기
Living with Life

사랑을 전해야 할 대상이 있나요? 그 사람에게 복음을 전할 간절한 영혼 사랑이 있나요? 오늘도 주님이 우리를 사랑하시고 인도하시는 것은 그 사랑을 공유하고 나누라는 뜻입니다. 우리 중에 가난하고 고통 받는 사람이 있으면 우리의 물질로 나누는 것처럼, 복음을 나누고 실천하는 것이 최고의 사명이고 순종의 삶입니다.

[전도 대상자를 위한 기도문]

전도 대상자의 이름을 써 보고 그의 삶과 영혼을 위해 기도해 봅시다. 그를 위한 구체적인 기도제목을 떠올려봅시다. 그분이 필요로 하는 것이 무엇인지, 그분의 고민과 그분의 기도제목은 무엇인지, 그분이 좋아하는 것이 무엇인지, 그분의 방식으로 와 닿을 수 있는 사랑은 무엇인지 고민하며 기도해봅시다.

5스텝 52주QT 05

경건의 훈련(Holy Training)

가랑비에 옷 젖습니다

또한 너는 청년의 정욕을 피하고 주를 깨끗한 마음으로 부르는 자들과 함께 의와 믿음과 사랑과 화평을 따르라(디모데후서 2장 22절)

돈을 사랑함이 일만 악의 뿌리가 되나니 이것을 탐내는 자들은 미혹을 받아 믿음에서 떠나 많은 근심으로써 자기를 찔렀도다 오직 너 하나님의 사람아 이것들을 피하고 의와 경건과 믿음과 사랑과 인내와 온유를 따르며 믿음의 선한 싸움을 싸우라 영생을 취하라 이를 위하여 네가 부르심을 받았고 많은 증인 앞에서 선한 증언을 하였도다(디모데전서 6장 10-12절)

자연은 끊임없이 반복되는 움직임 속에서 모든 생명체의 삶이 계속됩니다. 우리가 살고 있는 지구 덩이는 반지름이 63,780km나 되는 거대한 '공'(ball)과 같습니다. 1일 1차례 자전을 반복합니다. 시속 100,000km의 엄청난 속도로 태양을 돌고 있습니다. 고로 겨울 지나면 봄이 되고, 봄이 지나면 여름이 되고, 여름 지나면 가을이 됩니다. 계속되는 지구의 자전과 공전 속에 날이 가고 절기가 바뀌고 싹트고 자라고 열매를 맺습니다. 그리고 인간은 온전하게 살아갑니다. 우리의 신앙생활도 그러합니다. 끊임없이 반복되는 신앙행위 속에서 신앙의 성장이 있고 구원과 영생을 받습니다.

『하나님이 기뻐하시는 열정, 성공, 리더십』의 저자 팀 한셀은 "어떤 크나큰 계기나 사건이 나의 인생을 변화시켜 주기를 바라는 것은 잘못된 오해이다. 우리의 인생을 요술처럼 멋지게 만들어 주고 성공시켜 주는 것은 연속적으로 반복되는 작은 일들이다."라고 했습니다.

우리를 참으로 복되게 하는 것은 작지만 좋은 습관들입니다. 습관이란 '어떤 행위를 오랫동안 되풀이하는 과정에서 저절로 익혀진 행동 방식'을 말합니다. 습관은 자신의 운명을 결정하는 제2의 천성입니다. 어떤 습관을 가지고 사느냐에 따라 한 사람의 성패와 행불행이 결정됩니다. 어거스틴은 '신앙이란 거룩한 습관을 들여가는 것'이라고 했습니다. 신앙생활이란 다름이 아니라, 거룩한 것이 몸에 배어 습관화되게 하는 반복적이고 지속적인 훈련과정이라고 볼 수 있습니다.

STEP3
돌아보기
Check-In
Q 매일매일 하고 있는 경건의 훈련은 무엇이 있나요?

A 부족하다고 생각하는 경건의 훈련을 적어보고 가능하면 할 수 있는 방법도 기록해 봅시다.

STEP4
수용하기
Acceptance
최근 필리핀에 있는 한 교도소가 미국의 CNN을 비롯한 세계 주요 매스컴들이 찾으며 크게 화제가 되었습니다. 교도소에 새로운 소장이 부임하면서부터입니다. 규율을 정해놓고 생활을 엄격하게 통제하는 다른 교도소들과는 달리 여기서는 체력단련 시간에 죄수들에게 춤을 가르치기 시작했습니다. 춤을 출 때 틀어주는 노래도 다양했습니다. 초기에는 마이클잭슨의 노래를 자주 틀었는데 이후로 우리나라 원더걸스의 '노바디', 슈퍼주니어의 '쏘리 쏘리'가 인기였다고 합니다. 체력단련 시간을 춤 배우기 시간으로 바꾸었더니 통제가 훨씬 쉬워졌고 출소자들의 재범률도 다른 곳에 비해 현저히 낮아졌다고 합니다. 이는 범죄가 태어나고 자라는 어두운 환경을 밝게 바꾼 결과라고 볼 수 있습니다.

미국 스탠퍼드 대학의 심리학과 필립 짐바르도 교수는 흥미로운 실험을 했습니다. 낙후된 골목에 상태가 비슷한 자동차 두 대를 세우고 한 대는 보닛을 조금 열어둔 상태로, 다른 한 대는 보닛을 열고 유리창도 조금 깨진 상태로 방치했습니다. 그리고 1주일 후에 보았더니 유리창이 깨진 자동차에서만 배터리와 타이어를 빼가고 사방에 낙서를 하고 돌을 던져 거의 고철 상태로 발견되었습니다. 유리창이 조금 깨진 차이였는데, 그런 결과가 났습니다. 여기서 '깨진 유리창의 법칙'이 나왔습니다. 일단 금이 간 유리창은 전체가 쉽게 망가진다는 것입니다.

1980년대 뉴욕 경찰 당국은 뉴욕 지하철 범죄로 골머리를 앓고 있었습니다. 밤이면 뉴욕 지하철을 탄다는 것 자체가 공포였습니다. 경찰국장은 깨진 유리창의 법칙에서 힌트를 얻어 범죄의 심리적 온상이 지하철 낙서라고 생각하고 그때부터 낙서를 없애기로 마음먹었습니다. 그러나 지워도 지워도 다시 낙서를 하는 바람에 완전히 뿌리 뽑기까지는 5년이 걸렸습니다. 마침내 1989년에야 지하철의 모든 낙서를 지웠습니다. 낙서를 지우기 시작하면서 서서히 줄어들던 범죄율이 1994년에는 절반 가까이 줄었고, 중범죄의 경우는 75%가 줄어드는 기적이 일어났습니다.

이 깨진 유리창의 법칙을 생각하면 이런 추론도 가능합니다. 죄짓기 쉬운 환경이 주변의 상황이라면 보통사람의 경우 죄를 이겨나가기가 힘듭니다. 그렇기 때문에 이를 피하는 것이 가장 좋습니다. 그리고 말씀으로 자신을 쳐서 복종시킴으로 이길 수 있도록 말씀으로 다져야 합니다. 혹 집단적으로 사람들을 만나게 될 때, 세상을 정욕과 탐심으로 살아가는 사람들보다 믿음의 가정과 신실한 성도들을 만나는 것이 유익입니다. 그들과 깊은 교제를 나누고 삶과 신앙을 나누는 것이 우리 인생을 훨씬 복되고 아름답게 살아갈 수 있게 합니다. 영적 분위기를 더욱 신실하게 하며, 나아가 나의 집과 사무실 등을 늘 간결하고 깨끗하게 유지하여 늘 바르게 살아가는 삶의 환경을 만들 필요가 있습니다. '꺼진 불도 다시 보자' 는 말이 있듯 내게 깨진 유리창은 없는지 살펴봅시다.

STEP5
삶으로 살아내기
Living with Life

나태해지고, 우울해지기 쉬운 '갇혀 사는' 이 시기에 우리를 소망으로 다시 살아나게 하는 것은 하나님 말씀과 기도입니다. 말씀 읽기와 기도, 암송과 묵상, 성경 쓰기와 주님과의 친밀한 교제, 이런 것들이 다시 살아나야 우리는 거룩함에 이를 수 있습니다. 이 거룩한 삶은 하나님께서 그리스도인으로 이 땅을 살아가는 우리에게 여전히 요구하시는 믿음의 삶입니다.

[경건의 훈련을 위한 기도]
부족한 경건의 부분을 놓고 하나님께 기도로 간구하고 결단하는 기도문을 적어 봅시다.

5스텝 52주QT 06

오직 예배(Only Worship)

우리의 목소리 '예배'

STEP1
말씀 읽기
Reading Bible

23 아버지께 참되게 예배하는 자들은 영과 진리로 예배할 때가 오나니 곧 이 때라 아버지께서는 자기에게 이렇게 예배하는 자들을 찾으시느니라 24 하나님은 영이시니 예배하는 자가 영과 진리로 예배할지니라(요한복음4장 23-24절)

STEP2
마음 닿기
Mind-Touching

'요셉 케이보' 목사님은 체코슬로바키아가 공산주의 통치하에 있을 때 아주 유명했던 인물입니다. 아버지는 학교에서 공산주의를 가르치는 교사였습니다. 그러나 어머니는 독실한 크리스천이었습니다. 어릴 때 그는 주일 아침이면 3시간 동안 기차를 타고 프라하로 갑니다. 교회에 가서 2시간 30분 동안 예배를 드립니다. 예배를 마치면 공원에서 점심을 먹습니다. 점심을 먹은 후에 다시 2시간 30분의 예배를 드리기 위해 교회로 다시 갑니다. 그리고 3시간 걸려서 다시 집으로 돌아옵니다. 이렇게 많은 시간과 힘을 쏟아야 예배를 드릴 수 있었습니다.

일주일에 예배 한번 드리는 것이 이렇게 소중한 일입니다. 한 번의 예배를 위해서 엄청난 대가를 지불하더라도 예배를 드리러 가야 합니다. 시편 기자는 '사람이 내게 말하기를 여호와의 집에 올라가자 할 때에 내가 기뻐하였도다'(시 122:1)라고 합니다. 예루살렘에 올라가기를 즐겨해야 합니다. 예배하기를 기뻐해야 합니다. 예배하러 가는 것은 그 자체가 가치입니다. (출처: 네이버 블로그 '한나')

STEP3
돌아보기
Check-In

Q 진정한 예배자의 모습은 어떠해야 할까요?

A 온전한 예배자가 되기 위해서 고쳐야 할 부분이 있다면 적어보고 실천합시다.

사람들이 많은 곳에 있어도, 눈은 내가 볼 것을 보고, 귀는 내가 들을 소리를 들으며, 입은 내가 할 말을 합니다. 주변이 조용하면 보고, 듣고, 말하는 것이 쉽지만, 소란스러운 곳에서는 어려워집니다. 그런 곳일수록 신경을 곤두세우고, 더 집중해야 합니다. 그렇지 않으면 제대로 보고 들으며 제대로 말하지 못합니다.

요즘 세상이 코로나-19로 참 소란스럽습니다. 3억 천만 명이 넘는 확진자, 550만 명(2022년 1월)이 넘는 사망자, 계속 증가하는 확진자, 어두운 경제전망, 세계 곳곳에서 일어나는 사고와 사건들을 매스컴은 쉬지 않고, 우리가 사는 세상은 이렇게 소란스러운 세상임을 알려주고 있습니다.

주변이 소란스러울수록 나의 목소리는 뚜렷해야 하고 내용은 분명해야 합니다. 세상은 매일 확진자, 감염, 방역 이야기입니다. 신문과 TV, 인터넷과 모든 행정기관까지 전염병에 대하여, 개인위생에 대하여 강조하고 또 강조합니다. 틀린 말은 아닙니다. 세상은 현재의 상황을 알려야하고 우리는 철저하게 예방을 하고 조심해야 합니다. 세상은 현재의 상황이 이렇다고 소리 높여 외치고 있습니다.

이렇게 세상이 소란스러울 때 교회와 그리스도인의 목소리는 무엇일까요? 많은 시간 동안 질병관리본부와 정부의 결정, 그리고 주변 상황에 공감을 공유하면서 교회에서는 예배를 온라인 예배와 대면 예배를 드려왔습니다. 이렇게 하는 사이 예방과 방역이 우리의 목소리가 되었고, 교회의 목소리가 되어 버린 듯하였습니다.

하지만 이제는 적어도 세상을 향하여 우리의 목소리를 들려줘야 합니다. 그 목소리의 중심은 "예배"입니다. "예배드려야 합니다!" "예배드려야 삽니다!" "예배드려야 회복됩니다!" 세상은 감염을 이야기하고 방역을 이야기 하지만, 교회는 예배를 이야기해야 합니다. 세상이 아무리 소란하고 혼란스러워도 교회의 본래적 사명, 성도의 본래적 사명을 잊지 말아야 합니다. 우리가 말하지 않으면 누가 예배를 말합니까? 우리가 드리지 않으면 누가 예배를 드립니까? "어떤 상황에서도 동일한 마음으로 예배드리자, 더 깨어서 예배드리자, 가정에서의 영상예배, 교회의 대면 예배 상관없이 신령과 진리로 예배드리자"라고 외쳤던 이유가 이것입니다.

코로나-19가 소란스럽고 힘든 상황을 계속 만들어내고 있습니다. 그래도 예배는 드려야 합니다. 전쟁 포화 속에서도, 세상을 떠나는 순간에도, 전염병이 있음에도 우리는 예배자입니다. "코로나-19가 예배를 외면하는 핑계가 되어서는 안 됩니다." 코로나-19는 핑계가 아닙니다. 상황입니다. 상황은 이겨내는 것입니다. 우리 앞에 어떤 상황이 전개되어도, 우리는 이겨내며 예배드려야 합니다. 우리는 예배드려야 사는 하나님 나라의 백성들입니다. 이것이 우리의 자세이고, 이것이 교회의 목소리입니다.

"아버지께 참되게 예배하는 자들은 영과 진리로 예배할 때가 오나니 곧 이 때라 아버지께서는 자기에게 이렇게 예배하는 자들을 찾으시느니라 하나님은 영이시니 예배하는 자가 영과 진리로 예배할지니라"(요4:23-24)

요셉 케이보 목사님의 신앙의 자세를 다시 기억합시다. 하루 세 번 성전을 향해 무릎 꿇고 기도하기를 멈추지 않았던 다니엘의 예배를 기억합시다. 로마 정부의 기독교 탄압에 대응하며 지하로 개미집처럼 땅굴을 파고 지하 교회를 형성했던 카타콤의 초대교회 성도들의 예배를 기억합시다. 일제에 저항하며 끝까지 교회를 지키다 순교했던 목사님들과 교회 성도들의 예배를 기억합시다.

예배는 헌신과 결단이 따릅니다. 그동안 나의 예배가 안락하고 편안한 상황에서 나의 안위를 기도하기 위해 드렸던 종교생활이었는지, 하나님께 헌신하며 하나님의 영광을 위해 헌신으로 드렸던 신앙의 행위였는지 되새길 수 있길 바랍니다.

[온전한 예배자의 결단의 기도]
어지러운 세상이 예배를 멸시해도 온전한 예배자가 되기 위한 결단의 기도문을 써 봅시다.
그리고 소리 내어 기도합시다.

5스텝
52주QT **07**

믿음의 통과의례(Rite of Passage of Faith)
출애굽기와 함께하는 인생의 여정

STEP1
말씀 읽기
Reading Bible

7 여호와께서 이르시되 내가 애굽에 있는 내 백성의 고통을 분명히 보고 그들이 그들의 감독자로 말미암아 부르짖음을 듣고 그 근심을 알고 8 내가 내려가서 그들을 애굽인의 손에서 건져내고 그들을 그 땅에서 인도하여 아름답고 광대한 땅, 젖과 꿀이 흐르는 땅 곧 가나안 족속, 헷 족속, 아모리 족속, 브리스 족속, 히위 족속, 여부스 족속의 지방에 데려가려 하노라(출애굽기 3장 7-8절)

STEP2
마음 닿기
Mind-Touching

인생에는 통과의례(通過儀禮)가 있습니다. 출생, 성년, 결혼, 사망 등과 같이 사람의 일생 동안 새로운 상태로 넘어갈 때 겪어야 할 의식을 통틀어 이르는 말입니다. 종교사학가이지 작가인 '미르체아 엘리아데(Mircea Eliade)'는 사람을 종교학적 입장에서 '자연적 존재로 태어난 인간이 특정 문화체계 아래에서 많은 의례를 통과함으로써, 그 문화에서의 종교적 인간의 이상(理想)에 근접하는 프로세스'라고 설명하기도 합니다.

마땅히 거쳐야 할 과정들이 있습니다. 아무리 급해도 건너 뛸 수 없는 성장의 과정이 있습니다. 하지만, 현대인들은 과정보다 결과를 중시하는 듯합니다. 빨리 성과를 내고 싶고, 빨리 출세하고 싶고, 빨리 성공하고 싶은 욕구가 커 보입니다. 그러다 보니 삶을 살아가는 의미와 그 과정 속에서 경험되는 희로애락(喜怒哀樂)에 대해 적절한 반응을 하지 못하는 무감각한 인생이 되는 것 같습니다.

과정이 중요한 이유는 그 순간순간이 우리의 삶을 지탱하여 주는 디딤돌이 되기 때문일 겁니다. 지금 여러분이 여기까지 잘 서 있는 이유도 뒤돌아보면 그때에 거쳐야 할 통과의례(通過儀禮)를 잘 거쳤기 때문입니다. 아이가 두 발 자전거를 배울 때, 자전거를 타고 수차례 넘어지는 아픔이 있어야 마침내 균형 잡는 법을 배웁니다. 이후에는 더 이상 넘어지지 않습니다. 이미 배움의 시간을 통해 자전거를 바로세우는 다리 근육과 팔의 힘이 자리잡았기 때문입니다. 우리는 통과의례를 거치며 아파야 할 때 잘 아팠고, 울어야 할 때 잘 울었습니다. 기뻐야 할 때 잘 기뻐했고, 성장해야 할 때 인내하며 잘 성장했습니다. 웃어야 할 때 웃었고, 깊어져야 할 때 깊어졌습니다. 한 사람이 성숙한 인격으로 성장해가는 데는 기도만 필요한 것이 아니라, 기도에 의해 주어진 삶의 과정을 잘 견뎌냈기 때문에 성장의 결과가 나올 수 있는 것입니다.

그런데, 통과의례(通過儀禮)는 우리의 인생에만 있는 것이 아닙니다. 우리가 예수를 주로 고백하며 믿는 그 순간부터, 우리는 하나님께서 인도하시는 믿음의 통과의례(通過儀禮)도 있습니다. 우리는 이미 그것을 경험하고 있습니다. 신앙의 여정을 말씀을 통해 배우고, 익히기를 계속합니다. 그래서일까요? 다윗은 이렇게 고백합니다. "주의 말씀은 내 발에 등이요 내 길에 빛이니이다"(시 119:105)

STEP3
돌아보기
Check-In

Q 자신을 성장시킨 통과의례는 어떤 것이 있나요?

A 아픔과 고난을 통해 성장하게 된 계기를 생각해 보고 어떤 것들이 자신을 성장케 했는지 두, 세 가지 정도 적어 봅시다.

STEP4
수용하기
Acceptance

말씀으로 새로워지는 신앙 공동체를 세우기 위한 첫출발로, 「출애굽기 성경공부」 모임이 진행 중입니다. 교재의 부제는 '출애굽기와 함께하는 인생의 여정' 입니다. 출애굽기를 보면 믿는 자의 인생이 어떻게 영적인 삶의 과정을 거쳐 하나님 안에 성숙해져가는 지 그 방향을 선명히 제시하여 주고 있기 때문입니다.

출애굽기의 핵심 구절은 출애굽기 3장 7-8절입니다. 그 내용을 보면, "7 여호와께서 이르시되 내가 애굽에 있는 내 백성의 고통을 분명히 보고 그들이 그들의 감독자로 말미암아 부르짖음을 듣고 그 근심을 알고 8 내가 내려가서 그들을 애굽인의 손에서 건져내고 그들을 그 땅에서 인도하여 아름답고 광대한 땅, 젖과 꿀이 흐르는 땅 곧 가나안 족속, 헷 족속, 아모리 족속, 브리스 족속, 히위 족속, 여부스 족속의 지방에 데려가려 하노라"라고 말씀합니다. 출애굽기는 7개의 동사(Verb)가 중요합니다. "보고, 듣고, 알고 내려가서, 건져내고, 인도하여, 데려가려" 이 7개의 동사(Verb)에 하나님의 구원 과정뿐만 아니라, 신앙인으로 살아가야 할 인생의 여정이 녹아져 있습니다.

「출애굽기 성경공부」를 통하여 애굽에서 노예 신분으로 살던 이스라엘 백성들을 이미 보고 계셨고, 우리의 신음을 들으셨으며, 우리를 알고 계셨음을 깨달으시기 바랍니다. 그 하나님께서는 친히 이 땅의 대리자(모세, 예수님, 그리고 신앙인들)를 통해 찾아오시고, 그들을 바로(세상)의 노예 상태에서 건져 내셔서 홍해를 건너게 하시고, 광야를 지나 가나안으로, 마침내 하나님과 영원히 함께 머무는 구원의 여정으로 인도하십니다. 하나님께서 이렇게 우리를 아시고 만나시고 인도하시는 모든 과정이 출애굽기 3장 7-8절의 짧은 말씀 안에 다 담겨있으며, 그 내용을 실제 이스라엘의 여정을 통해 우리에게 증명해주는 것이 출애굽기입니다. 출애굽기를 공부하면 우리의 인생 여정이 지금 어느 통과의례를 거치고 있는지 보이는 것입니다.

출애굽기 성경공부를 통해 하나님께서 천지를 창조하신 후 죄로 무너진 우리에게 찾아오시어 새롭게 인생을 출발하도록 도우셨음을 기억하며 주님과 함께, 말씀과 함께 우리 인생도 새롭게 써가는 계기가 될 것입니다.

STEP5 삶으로 살아내기 Living with Life

우리 교회의 믿음의 공동체 모든 성도들이 직분에 상관없이, 신앙의 연수에 상관없이 출애굽기 말씀 앞에 서서 우리 자신을 말씀의 거울에 비쳐보고 점검하며 더욱 새롭게 말씀으로 우리 자신을 세워 가십시다. 서로가 인생 여정 속에 경험했던 하나님을 고백하고 나누면, 성숙한 성도들에게는 희망과 인내의 용기가 주어질 것입니다. 성숙한 성도들에겐 믿음의 초심을 다시 돌아보며 기도의 도전을 다시 얻게 될 것입니다.

[말씀의 은혜를 사모하는 기도]
출애굽기를 통한 하나님의 구원 과정을 다시 한 번 읽고 묵상하며, 내게 주신 은혜와 감동을 기도문으로 정리해 봅시다.

08

쉬지말고 기도하라(Pray Without Rest)

기도의 자리를 사모하라

STEP1
말씀 읽기
Reading Bible

쉬지 말고 기도하라(데살로니가전서 5장 17절)

STEP2
마음 닿기
Mind-Touching

어떤 그리스도인이 많은 기도 생활을 통하여 영적이고 승리하는 삶을 살기로 작정을 했습니다. 그는 날마다 기도하고 또 기도했습니다. 처음에는 잡념만 떠오르고 기도가 잘 되지 않았습니다. 한참 기도한 것 같은데, 시간은 불과 5분이 지나갔을 뿐이었습니다. 그러나 그는 낙심하지 않고 계속 노력했습니다.

30분, 1시간, 차츰 그의 기도 시간은 길어졌습니다. 2시간, 3시간, 그의 기도 시간이 늘어나자 그는 다양한 체험을 하게 되었습니다. 그는 환상을 보기도 하고 주님의 음성을 듣기도 하였습니다. 성경 말씀이 떠오르기도 했으며 깊은 황홀경을 맛보기도 하였습니다. 그는 너무나 자랑스러웠습니다. 그는 차츰 기도 시간이 기다려졌고, 나중에는 하루에 무려 8시간을 기도할 수 있게 되었습니다. 그는 만나는 사람마다 은근히 간증 내지는 자랑을 했습니다. 기도의 체험, 기도의 맛, 그 황홀경, 주님과의 대화... 만나는 사람들마다 입을 떡 벌리며 그를 부러워하고 칭찬해 주었습니다.

어느 날 그는 조용한 한 그리스도인을 만나게 되었습니다. 그에게서 부드러운 주님의 임재와 따뜻함을 느낄 수 있었기 때문에 그는 '아, 이 사람은 주님을 몹시 사랑하는 사람이구나' 하고 느꼈습니다. 그래서 그는 상대방에게 영적인 감동을 주기 위하여 다시 말을 꺼냈습니다. "저, 저는 날마다 하루에 8시간 동안 기도를 하는 데요." 예상했던 대로 상대방은 놀라는 눈치였습니다. "정말이세요? 그렇다면 나머지 16시간은 기도를 하지 않고 사신다는 말입니까?"

(출처: 네이버 블로그 '강한 용사')

Q 기도하고 있나요?

A 기도가 자랑으로 가지 않고 하나님과 대화하는 시간이라면 얼마나 하나님과 소통하고있는지 점검하고 지금 가장 시급하게 하나님과 소통해야 될 것을 간단히 적어 보자.

STEP4
수용하기
Acceptance

말씀이 하나님의 능력이 되어 우리 가운데 역사하려면 기도 없이는 안 됩니다. 말씀으로 세대를 움직이고 시대를 바꾸시는 성령님은 기도하는 사람들을 통해 역사하시기 때문입니다. 또한 우리 기도가 더욱 성숙해지고 깊어지려면 말씀을 붙잡고 기도할 수 있어야 합니다. 말씀을 근거해서 기도해야 주의 뜻이 하늘에서 이루어진 것 같이 땅에서도 이루어질 것이기 때문입니다. 이렇게 말씀과 기도는 항상 같이 갑니다.

초대교회가 폭발적으로 부흥하면서 여러 가지 행정적인 이슈가 생겨났을 때 교회 지도자들은 오로지 말씀과 기도에 전념하기로 하였습니다. 막 피어나고 있는 교회에 분명히 여러 손길이 필요했지만, 가장 핵심이 되는 말씀과 기도 사역이 희생되면 안 된다고 그들은 강력하게 느낀 것입니다. 그러한 마음은 교회의 머리가 되시며 교회를 보호하고 계신 주님께서 주신 마음이 분명합니다. 오늘도 주님은 자신의 교회를 향해 같은 메시지를 보내고 계십니다. 말씀과 기도, 이것만큼은 놓치지 말라고 우리에게 외치십니다.

우리 교회 기도 사역은 "기드온 300 기도운동"을 통해 선한 열매들이 나타나기도 했습니다. 그동안 우리의 다양한 기도 사역에 힘을 써 주신 성도님들께 감사를 드립니다. 생각해 보면 기도 사역처럼 쉽게 지치는 사역이 없을 것입니다. 개인적인 기도제목을 가지고 간구하는 일도 쉽지 않은데, 교회와 나라와 이웃들을 위해 중보 기도하는 일이야말로 얼마나 힘든 일이겠습니까? 그러나 이 자리를 헌신적으로 지켜주신 여러 성도님들이 계셨기에 우리 교회 공동체는 지금까지 거뜬히 올 수 있었다고 믿습니다.

한 가지 소원이 있다면 온 교회가 중보기도 사역에 관심을 가졌으면 합니다. 그동안 기도 사역에 10년, 20년 이상을 헌신해 오신 분들이 있습니다. 그런데 안타깝게도 다수의 성도들은 이런 사역이 있는지도 잘 모르는 것 같습니다. 이제는 더욱더 많은 분들이 중보기도 사역에 함께하여 더 힘차게 기도할 때가 되었습니다. 기도 없이는 우리 앞에 놓인 한계를 뚫고 나갈 수 없습니다. 교회적으로도 그렇고 가정적으로도 그렇고 국가적으로도 그렇습니다. 말씀이 특별히 강조되는 새해인 만큼 기도 사역도 함께 더 넓게 뻗어 나갈 수 있기를 소망해 봅니다.

우선 공동체로 모여 합심하여 기도하는 자리에 여러분을 초대합니다. 매일 새벽기도를 통해 드리는 중보기도는 매일 새벽 5시 30분에 본당에 모여 개인기도와 공동기도를 드립니다. 릴레이 기도회는 정해진 시간에 나라와 민족, 지역과 사회, 교회와 가정 등 전반적인 내용을 가지고 기도하는 자리입니다. 그리고 금요기도회는 매주 금요일 저녁 8시 30분부터 모여 찬양과 말씀으로 하나님의 임재를 누리며, 선포된 말씀에 비롯하여 뜨겁게 기도하는 자리입니다. 또한 남녀 선교회별로 자유롭게 드리는 기도회가 있습니다. 이러한 중보기도의 자리는 특별한 은사가 있는 자들에게만 해당되는 것이 아닙니다. 하나님은 모든 크리스천을 가리켜 거룩한 제사장이라고 하십니다(벧전 2:9). 그렇다면 우리 모두에게 중보기도 하는 사명이 주어진 것입니다. 우리에게 은사가 있어서 그런 자리로 나오는 것이 아니라, 기도하는 가운데 하나님은 우리를 하나님의 중보기도자로 세워주십니다.

STEP5
삶으로 살아내기
Living with Life

기도를 통해 하나님과의 깊은 관계를 유지하고 말씀을 통해 하나님 사랑 가운데 거하시기를 바랍니다. 영국의 종교개혁자 존 녹스는 "기도하는 한 사람이 기도하지 않는 한 민족보다 강하다"라고 했습니다. 기도하는 한 사람으로 인해 가정이 세워지고 교회가 살아나며, 사회가 바르게 일어나고 민족이 굳건히 세워집니다. 그런 약속의 주인공이 여러분이 되십시오.

[쉬지 않는, 끊이지 않는 기도를 위한 기도]
쉬지 말고 기도하라는 것은 기도를 쉬는 날이 없도록 하라는 것입니다. 매일매일 기도하기 위한 하나님의 도우심을 구하는 짧은 기도문을 적고 기도합시다.

5스텝 52주QT **09**

아름다운 자리(beautiful seat)

지금 나의 자리는 소중합니다

STEP1
말씀 읽기
Reading Bible

진흙으로 만든 그릇이 토기장이의 손에서 터지매 그가 그것으로 자기 의견에 좋은 대로 다른 그릇을 만들더라(예레미야 18장 4절)

STEP2
마음 닿기
Mind-Touching

어느 작자 미상의 동영상을 본 적이 있습니다. 영상의 제목은 '인생은 한 잔의 커피와도 같다(Life Is Like A Cup of Coffee)' 였습니다. 그 줄거리는 다음과 같습니다.

다들 나름대로 성공한 동창생들이 모교의 노(老) 교수를 방문합니다. 대화 주제는 곧 직장과 일상에서 받는 스트레스에 대한 불평과 불만으로 이어졌습니다. 노교수는 커피나 한 잔 하자며 커다란 포트와 함께 도자기와 플라스틱, 유리잔과 크리스털 등 각양각색의 커피잔을 가져왔습니다. 어떤 잔은 비싸고 어떤 것은 정교하고 멋지게 보였습니다. 그중엔 싸구려처럼 보이는 잔도 있었습니다.

커피를 마시려고 제자들이 각자의 잔을 들었을 때 노교수가 말을 꺼냅니다.

"자네들이 들고 있는 커피잔을 보게. 잔 모양이 다양하지 않은가? 인생도 이와 같다네. 다양한 삶 속에서 서로가 받는 수고와 불평은 다르지. 하지만, 그 상황 속에서 잊어서는 안 되는 것이 있다네. 지금 그 자리에 자네들이 있으며 그 일이 얼마나 중요한 자리이며, 자네들의 수고가 얼마나 값진지 말일세."

노교수의 말은 계속 이어졌습니다.

"자네들도 커피잔 그 자체가 커피의 맛을 더해주지 못한다는 것을 알고 있을 것이네. 때로는 그것이 우리가 무엇을 마시는지를 감춰버리기도 한다는 사실도. 우리 모두가 진정 원하는 것은 컵이 아니라 커피일세. 하지만 여러분들은 모두 최고의 잔을 선택했고 한편으론 다른 사람의 커피잔까지 눈독을 들이고 있다네."

그렇습니다. 진정 원하는 것은 컵이 아니라, 함께 즐기는 커피입니다. 와인 잔이든, 커피 잔이든, 다기 잔이든 무엇을 선택하든, 보다 중요한 것은 '지금 누구와 함께 마시느냐' 일 것입니다.

여러분은 지금 누구와 함께 삶을 누리고 계십니까? 혹여나 삶이 너무 분주하여 지금 '어디에서', '누구랑' 함께 하는지조차 잊고 있지는 않습니까? 내게 허락해 주신 자리에서 감사하며 하루하루를 보낼 수 있다면, 그 순간을 소중히 여길 수 있을 것입니다. 그러하기에 여러분이 누리고 있는 인생의 자리는 소중합니다.

STEP3
돌아보기
Check-In

Q 자신이 함께 식사를 할 때 가장 편한 사람은 누구인가요? 그리고 반대로, 여러분은 누구에게 가장 편한 사람인가요?

A 먼저 가장 편히 함께 식사할 수 있는 사람의 이름을 세 명 정도 써 보세요. 그리고 자신 이 생각하기에 나를 편하게 생각하는 사람의 이름도 세 명 정도 써 보세요.

STEP4
수용하기
Acceptance

도종환 님의 산문집 [사람은 누구나 꽃이다]라는 책 중에 이런 내용이 있습니다.

사람은 누구나 꽃입니다. 그러나 모든 꽃이 장미일 필요는 없습니다. 코스모스는 코스모스대로 아름다움이 있고, 국화는 국화만의 향기가 있습니다. 키 작은 채송화도, 초봄 한 번 활짝 피었다 지는 벚꽃도 그 나름대로 아름다움이 있습니다. 햇빛이 아침에 돋아 오르는 당당한 모습도 아름답고, 한낮 자신만만하게 내려쬐는 햇살도 아름답고, 저녁에 지는 황혼의 빛은 더욱 아름답습니다.

계절은, 쌓인 눈 녹이며 나무마다 물오르고 새움을 틔우고 꽃 피우는 봄도 아름답습니다. 왕성히 자라 녹음 우거지고 열매 커가는 여름도 아름답습니다. 나뭇잎마다 아름답게 물들고 열매들이 저마다 익어가며 향기를 토하는 가을은 풍성하기만 합니다. 눈 쌓인 산과 들, 조용히 한 해를 갈무리하며 또 다음 한 해를 준비하는 겨울도 멋스럽습니다.

화려하고 예쁜 꽃만 꽃이 아닙니다. 제때 피는 꽃은 아름답습니다. 아침과 저녁에 비추는 햇빛도 저마다 운치가 있습니다. 계절의 바뀜도 우리에게 생동감을 더해 줍니다. 중요한 것은 이러한 기쁨을 누릴 수 있는 사람은 그때 그 자리에서 행복을 발견하는 사람일 것입니다.

노 교수의 커피잔 교훈을 다시 기억하시기 바랍니다. 좋은 모양의 커피잔을 갖게 되는 것보다 커피 맛을 더하는 것은 좋은 사람과 함께 마시는 것입니다. 나는 함께 커피를 마시기에 좋은 사람일까요? 커피의 향을 음미하고, 맛을 간직하고 시간을 공유하기에 더없이 향내 나는 좋은 사람이 되시기 바랍니다.

우리의 삶은 하나님이 주신 선물이기에 그때마다 때에 맞는 아름다움이 있고 소중함을 발견하게 됩니다. 어린이는 어린이대로, 청년은 청년대로, 장년은 장년대로, 노년은 노년대로 행복이 있고 아름다움이 있습니다. 가장 중요한 것은 지금 우리의 삶을 어떻게 살아내는 것인가입니다. 그에 따라 우리의 자리는 빛이 날 것입니다.

[아름다운 자리를 만들기 위한 결단의 기도]
내가 편한 사람, 나를 편하게 여기는 사람들이 있습니다. 그러나 무엇보다 주님 앞에서 다른 사람을 온전히 섬겨서 나의 자리를 아름답게 빚어내는 삶 되길 결단하고 기도합시다. 구체적인 기도문으로 결단해 봅시다.

II

기쁨의 정원

부활의 소망을 바라보며

5스텝 52주QT 10

준비하는 신앙생활(Preparing for a Life of Faith)

은혜로운 부활절을 위한 사순절(Lent:四旬節)을 준비하며(목회서신)

STEP1
말씀 읽기
Reading Bible

그가 찔림은 우리의 허물 때문이요 그가 상함은 우리의 죄악 때문이라 그가 징계를 받으므로 우리는 평화를 누리고 그가 채찍에 맞으므로 우리는 나음을 받았도다(이사야 53장 5절)

STEP2
마음 닿기
Mind-Touching

'천로역정'의 저자인 존 번연(John Bunyan)은, 인생에서 헤어나기 어려운 깊은 수렁을 지나 마지막 벼랑 끝에 섰을 때 자신의 처지를 이렇게 표현했습니다. "만약 예수께서 나를 맞으실 때 칼을 들고 나오실 지라도, 나는 그분의 발아래에 내 몸을 던질 것입니다. 왜냐하면 그분만이 나의 최후의 희망이기 때문입니다." 이 이야기는 고난의 극한 상황이 바로 예수님에 대한 절박한 신뢰를 불러일으킨다는 것을 말해 줍니다.

평범함 가운데 사는 사람이나 절망의 깊이를 느끼고 사는 사람들을 위해 하나님께서는 어떠한 폭풍우를 준비하고 계십니다. 이 폭풍우는 우리를 흔들어 깨우려는 하나님의 사랑이자 은총의 손길입니다. 그래서 C. S. 루이스(C. S. Lewis)는 "고난이란 하나님의 메가폰이다"라고 말했습니다.

(출처: 다음 카페 '선지자와 예언')

STEP3
돌아보기
Check-In

Q 사순절과 고난 주간의 은혜는 무엇인가요?

A 예수님의 수난과 고통으로 내가 받은 은혜가 무엇인지 세 가지 적어보고 그것이 열매 맺도록 기도해 봅시다.

STEP4
수용하기
Acceptance

타락한 인간은 누구나 태어나서 그 죄 값으로 한 번 죽는 것은 정한 이치입니다(히 9:27). 그러나 예수 그리스도의 '부활'이 없었다면 예수 그리스도의 탄생일인 크리스마스도 소위 성인(聖人)들이나 위인들, 범인들의 출생과 무엇이 다를 바가 있었겠습니까? 예수 그리스도의 탄생과 그의 생애, 그의 죽음이 이 세상에 출생한 그 누구와도 비교할 수 없는 귀중함의 진정한 가치는 그의 '부활절'을 통하여 가장 확실하게 입증되었습니다. 그러기에 구원받은 성도들은 기독교의 기본이 되며 핵심이라고 할 수 있는 '부활절'을 그 어느 절기보다도 귀하게 여기고 잘 준비하여 더 큰 은혜의 기회를 삼아야 할 것입니다.

1. 사순절(Lent : 四旬節)

사순절은 기독교의 중요한 절기 중 하나로 성회 수요일부터 시작하여 부활절 전 주간까지 계속되는, 주일을 제외한 40일간의 제기(齊期) 즉 부활절전 6주간입니다. 기쁨과 슬픔 가운데 예수 그리스도의 죽음을 선포하고 기념하면서 성도들의 신앙 자세를 가다듬는 절기로 AD 325년(니케아 총회)부터 시작되었습니다.

구약의 광야 교회 기간 40년, 예수의 공생애를 위한 광야의 40일, 고난의 기간을 묵상하면서 초기 기독교회에서는 이 기간 하루 한 끼, 또는 저녁 식사만 하되 생선과 계란 정도 이상의 육식을 금하였으며 일부 지역에서는 그리스도의 고난에 동참하기 위하여 새 생명의 탄생을 연상케 하는 달걀이나 우유 등의 음식까지도 규제할 정도로 매우 엄격하게 지켰다고 합니다.

본래는 세례 후보자들과 이들을 추천한 보증인들이 부활절에 세례 받기에 앞서 며칠 동안을 금식하며 죄를 회개하는 기간으로 지켜졌습니다.

은혜를 사모하는 교회는 이 기간 그리스도 예수님의 생애를 묵상하고 그의 고난의 의미를 살피며 남은 고난을 우리의 육체에 채워 가며 그의 죽으심을 선포하는 때입니다. 성도들은 신앙적인 자세를 가다듬고 절제와 단식을 하며 자신의 부족함을 발견하고 죄악을 발견하여 자백하고 사함 받는 기회로 삼아 은혜가 더욱 넘치는 기회로 삼는 것이 바람직할 것입니다.

2. 고난 주간(Passion Week or Greet Week Season)

그리스도 예수님의 행적에 따라서 골고다의 슬픔과 십자가의 고통을 묵상하게 하며 주님의 고난에 동참하게 하는 행사입니다.

종려 주일 후 부활주일 전까지 한 주간 동안 전 교회가 특별 기도회 주간으로 선포하고 매일 새벽기도회와 함께 저녁 기도회를 실시하여 기도회의 절정을 이룹니다. 혹 사순절 기간 특별 기도회에 모이지 못했거나 그동안 등한했던 성도들까지 전체가 함께 모여 우리 앞에 놓인 현대적인 여리고성을 무너뜨리는 작정 기도회를 실시하는 것도 좋겠습니다.

거리가 멀어서 도저히 나올 수 없는 성도들은 집에서 가까운 이웃 교회로 나가거나 가족 기도회, 가족 큐티(QT)를 통하여 대신할 수도 있습니다.

그리스도 예수님의 고난은 하나님의 형체를 비우시고 오히려 종의 형체를 입고 오심으로 시작되었습니다. 예수님의 고난은 잃어버린 양 곧 소외된 자, 병든 자, 버림받은 자, 고아와 과부를 불쌍히 여기며 친구가 되어 주시고 유다의 배반과 제자들의 외면 속에 마침내는 십자가에 못 박히심으로 극치를 이룹니다.

이를 기념하여 지키는 고난 주간에 성도들은 우리의 구원을 이루시기 위하여 고난 받으시고 십자가에 죽으신 그리스도 예수님을 깊이 생각하며 먼저 각자의 죄와 허물을 자백하고 지금까지 베풀어주신 하나님의 은혜에 감사하면서 변화된 삶을 위한 결단의 기회로 삼게 합니다.

STEP5
삶으로 살아내기
Living with Life

이 사순절 기간 동안에 믿음과 소망과 사랑이 하나님의 역사하심 가운데서 우리 안에서 자라나기를 기도합니다. 특별히 이러한 목회 영역의 일정과 계획이 차질이 없도록 기도해 주시고, 교역자들과 섬기는 모든 이들을 위해 기도해 주시길 바랍니다.

[목회자와 교회를 위한 기도]

교역자와 속한 공동체, 교회, 구역을 위한 기도문을 간단히 적어 봅시다.

**5스텝
52주QT** **11**

분별력 있는 삶(a Discernment Life)
미디어의 유혹과 그리스도인

STEP1
말씀 읽기
Reading Bible

이는 우리가 이제부터 어린 아이가 되지 아니하여 사람의 속임수와 간사한 유혹에 빠져 온갖 교훈의 풍조에 밀려 요동하지 않게 하려 함이라(에베소서 4장 14절)

STEP2
마음 닿기
Mind-Touching

미디어는 끊임없이 볼거리를 통해 대중을 유혹하고 선동하고 있습니다. 미디어를 다루는 사람들은 대중의 힘을 이용하여 자신들의 목적을 성취하고 있습니다. 미디어는 전염성이 가장 강력한 감정인데 대중의 공포와 분노를 이용하여 자신의 목적을 성취합니다. 군중의 커다란 에너지를 집결시켜 원하는 방향으로 분출하게 만듭니다.

역사적으로 1923년 9월 1일 대지진 때 일본 군부와 군국주의자들은 조선인들이 폭동을 일으켜 일본인들의 집에 불을 지르고 우물에 독을 뿌렸다는 소문을 냈습니다. 그 결과 약 6000명의 조선인들이 무차별 살해를 당했습니다.

지금의 미디어는 그 당시와는 비교할 수 없을 정도로 발달되었고 정교해졌습니다. 미디어의 객관성, 사실성, 공정성, 중립성 등을 살필 여유도 없이 수많은 정보들이 쏟아지고 있습니다. 미디어 소비자는 사실성이나 의도성은 파악하지도 않고 듣고 싶은 것을 듣고, 보고 싶은 것을 보고자 하는 속성 때문에 쉽게 유혹이 되어 버립니다.

도널드 트럼프 미국 대통령 당선과 영국의 유럽연합 탈퇴 등은 "가짜 뉴스"에 큰 영향을 받았다고 합니다. 미국 대선 때 프란치스코 교황이 트럼프 지지를 선언했고, 클린턴 후보가 IS테러조직과 연계돼 있으며 클린턴 후보가 성매매 조직을 비밀리에 운영하고 있다는 등 가짜 뉴스들이 대통령에 당선되는데 적지 않은 영향을 주었다고 합니다. 퓨센터에서 실시한 조사에 따르면 2016년 미국 대통령 선거 당시 유권자의 약 71%는 온라인 미디어를 통해 가짜 뉴스를 접했고, 약 88%의 유권자는 가짜 뉴스가 사실을 왜곡한다는 우려를 표명했다고 합니다. 국내에서도 유권자의 약 65%는 2017년 대통령 선거 당시 포털, 카카오톡, SNS, 플랫폼 등에서 가짜 뉴스를 본 적이 있다고 합니다. 가짜 뉴스의 영향력은 대단합니다. 한 나라의 대통령을 당선시킬 수도 있고, 한 기업을 망하게 할 수도 있으며. 한 개인을 매장시킬 수도 있습니다.

Q 나는 가짜 뉴스를 진짜로 믿은 적이 있나요? 또는 가짜 뉴스를 분별할 수 있나요?

A 진실이 거짓이 되고 거짓이 진실이 되는 현실을 보면서 성도의 영적 분별력이 왜 중요한지 세 가지 정도 적어 봅시다.

STEP4
수용하기
Acceptance

가짜 뉴스는 전파속도가 진짜보다 최고 20배 이상 빠르게 전파된다고 합니다. 가짜 뉴스는 새로움과 놀라움을 주어 관심을 끌게 되어 있습니다. 인간 뇌는 주목을 끄는데 반응하고, 진실은 뻔하고 따분한데 가짜 뉴스는 자극적이고 강하며, 명쾌한 메시지를 전달합니다.

인간 뇌는 단순하고 명쾌한 흑백논리를 선호하고 내 의견에 맞는 뉴스만 믿으려는 경향이 있습니다. 인간의 심리는 자신의 신념을 지지해 주는 뉴스를 만나면 출처와 관계없이 믿으려는 편향성이 있습니다. 사람의 신념과 편견은 부모의 영향으로 어린 시절에 향상되고 그것은 성인이 되어서도 잘 바뀌지 않습니다. 그래서 사람은 가짜 뉴스의 늪에 빠지기 쉽습니다.

이른바 확증편향이 있어 보는 것을 믿는 것이 아니라 보고 싶은 것만 믿는 경향이 있고 중독되기 때문입니다. 가짜 뉴스는 조직성과 의도성을 숨기고 '음모론, 유언비어, 해외석학, 외신, 속보' 등의 그럴듯한 색을 칠해 세상으로 나오는데 대부분 속게 됩니다.

가짜 뉴스의 문제는 동서고금의 역사에 수없이 있어왔고, 우리 현대사에도 수없는 가짜 뉴스가 판을 치며 백성들의 마음을 휘어잡았습니다.

사탄은 에덴동산에서 아담과 하와에게 가짜 뉴스를 퍼트렸습니다. 가짜 뉴스는 축소, 확대, 왜곡합니다. 하나님은 "동산 각종 나무의 열매는 네가 임의로 먹되 선악을 알게 하는 나무의 열매는 먹지 말라 네가 먹는 날에는 반드시 죽으리라"(창 2:16-17)라고 하셨지만, 사탄은 '동산의 나무의 열매를 먹어도 죽지 않으리라' 하면서 가짜 뉴스를 퍼트렸습니다. 가짜 뉴스에 속아서 결국 최초의 인간은 죄를 범하고 말았습니다. 그 피해는 엄청난 것입니다.

STEP5
삶으로 살아내기
Living with Life

현대 사회에서 사탄이 신앙인을 유혹할 때 사용하는 최고의 도구는 미디어일 것입니다. 하루라도 미디어 금식을 하면 금단현상이 일어나는 현대인의 삶입니다. 미디어의 영향력은 막강합니다. 광고, 드라마, 기사 등을 통하여 대중을 유혹하기도 하고, 공포를 갖게 하기도 하며, 분노를 폭발하게도 합니다. 제작자들은 사진이나 동영상도 의도에 따라 얼마든지 축소, 확대, 왜곡 등으로 조작하여 목적 성취를 위한 유혹의 시장에 널어놓을 수 있습니다. 사탄은 이렇게 미디어를 통해 진화론을 절대시 하고, 신앙을 상대화시키거나 미신화시켜 버리고 있습니다.

일부 언론은 집요하게 특정 기독교인의 비리를 집중 보도함으로 대중들로 하여금 분노하게 하고 믿음의 공동체를 적대시하게 하고 있습니다. 반 기독교적이고 비기독교적인 영상물과 진리를 재미로 가두어 버린 영상물로 신앙인을 유혹하고 있습니다. 가짜 뉴스나, 반기독교적인 미디어의 유혹에 마음이 흔들리지 말아야 합니다.

"이는 우리가 이제부터 어린아이가 되지 아니하여 사람의 속임수와 간사한 유혹에 빠져 온갖 교훈의 풍조에 밀려 요동하지 않게 하려 함이라"(엡 4:14)

[영적 분별력을 위한 기도]
세상의 문화와 가치에 휩쓸리지 않고 오직 견고한 믿음을 통해 세상을 이기는 지혜를 간구하는 기도문을 적어 봅시다.

5스텝 52주QT 12

거룩한 관계(Holy Relationship)

거룩은 장소가 아니라 관계다

STEP1
말씀 읽기
Reading Bible

하나님이 이르시되 이리로 가까이 오지 말라 네가 선 곳은 거룩한 땅이니 네 발에서 신을 벗으라(출애굽기 3장 5절)

STEP2
마음 닿기
Mind-Touching

미국 실리콘 밸리에서 인포시크 등 4개의 IT업체를 성공시킨 성공한 벤처기업가인 스티븐 케이시는 "내가 사업에 성공할 수 있었던 것은 좋은 인간관계를 맺을 수 있었기 때문이며 나는 MIT 공대에서 최고의 공학기술을 배웠지만 정작 가장 중요한 인간관계에 대해서는 배우지 못했다"라고 말했다. 그는 IT사업의 성공에 가장 중요한 요인은 뛰어난 기술이 아니라 좋은 인간관계라며 "요즘 나에게 공학기술과 인간관계 기술 가운데 한 가지만을 택하라면 나는 서슴지 않고 인간관계 기술을 선택할 것이다"라고 강조했다.

미국의 카네기 연구소에서 조사한 바에 따르면 재징직으로 성공한 사람늘 중 15%는 자신의 기술적 지식에 의한 것이며 85%는 인간관계 즉, 사람들과 좋은 관계를 갖는 능력 때문에 성공을 거두었다고 한다. 15%의 사람들은 남들보다 뛰어난 능력, 예를 들면 변호사라면 아주 뛰어난 법률 지식을 갖고 있어서, 회계사라면 회계에 관한 지식이 뛰어나서 성공할 수 있었다는 것이다. 그러나 85%의 사람들은 사람들과 잘 지내는 능력, 즉 자신의 생각을 잘 표현하고 다른 사람의 생각을 잘 받아들여서 사람들과 함께 원만하게 지내는 기술을 가졌기 때문에 인생에서 성공한 것이다.

(출처: 최염순 '카네기 연구소장')

STEP3
돌아보기
Check-In

Q 인간관계의 철학이 있다면 무엇인가요?

A 인간관계의 자신만의 원칙을 세 가지 정도로 정리해 봅시다. 없다면 만들어 봅시다.

"사막이 말한다"라는 책 한 권을 사서 읽었습니다. 하나님과 깊은 관계를 맺고 싶은 수도사들이 세상을 떠나 더 깊이, 더 멀리 그리고 더욱 더 깊이, 더욱 더 멀리 사막으로 산속으로 들어갔습니다. 그러나 그 책의 결론은 이것입니다.

"거룩은 장소가 아니라 관계다."

거룩한 삶을 살아간 선지자들은 광야와 깊은 관계가 있습니다. 모세도 광야에서 하나님과 거룩한 관계를 가졌습니다.

"네가 선 곳은 거룩한 땅이니 신을 벗으라."

선 곳에서 하나님을 만날 수 있습니다.

18세기 독일의 유명한 조각가 요한 하인릭 다네커(Johann Heinrich Von Dannecker 1758-1841)가 있습니다. 그는 주로 그리스 신화를 주제로 한 많은 조각상을 남긴 분으로 유명합니다. 그는 인생의 절정기에 주님과 깊은 사랑에 빠집니다. 주님을 만난 후에 다네커는 멋진 예수님 상을 조각하기를 열망합니다.

2년 동안 작업한 후 자신의 작품을 객관적으로 시험하기 위해 한 어린 소녀에게 작품을 보여줍니다. 그런데 이 소녀는 그 조각상이 예수님인 줄 모릅니다. 실망한 그는 다시 혼신의 힘을 다해 6년에 걸쳐 새로운 작품을 만듭니다. 그리고 다시 소녀에게 보여줍니다. 단번에 소녀는 "아, 예수님이시군요"라는 대답을 듣습니다.

그때 그는 감격의 눈물을 흘립니다. 그런 직후 나폴레옹 황제로부터 루브르 박물관에 비너스상을 조각해 달라는 부탁을 받습니다. 그때 다네커는 이런 유명한 대답을 남깁니다.

"나의 주님, 그리스도의 상을 조각한 이 손으로 더 이상 나는 이방의 신상을 조각함으로 내 마음을 더럽힐 수는 없습니다."

어떻게 그가 세상의 명예와 권세 앞에서 이런 고백을 드릴 수 있었을까요? 그리스도가 그의 모든 것이 되었기 때문입니다. 오직 예수 그리스도! 주님만이 그의 사랑, 그의 소망이 되었기 때문입니다. 이것이 바로 거룩함입니다. 하나님의 은혜와 능력을 맛본 자들은 더 이상의 세상의 명예와 부귀영화를 좇지 않습니다. 오직 주님 한 분으로 만족하며 세상과 구별된 거룩한 삶을 추구합니다.

거룩의 속성은 구별입니다. 거룩은 영광스럽고, 아름답고, 순결하고, 새롭고, 완전한 것입니다. 우리가 거룩하게 산다는 것은 세속적인 삶의 가치와 방식으로부터 구별되게 산다는 뜻입니다. 오직 주님만을 내 삶의 주인으로 모시고, 주님의 뜻에 따라 사는 것을 의미합니다.

하나님의 택함 받은 믿음의 성도들은 거룩한 삶을 추구해야 합니다. 세상이 불의할수록 거룩한 삶이 필요합니다. 왜 우리가 거룩하게 살아야 할까요?

하나님은 거룩하신 분이기 때문입니다. "내가 거룩하니 너희도 거룩하라"(레

11:45)라고 말씀하십니다. 거룩하신 하나님은 영광과 찬양과 존귀를 세세토록 받으실 분이십니다. 누구를 통해서요? 바로 거룩한 자녀로 택함을 받은 주의 성도들을 통해서입니다. 우리는 성도라고 부릅니다. 성도라는 말은 거룩한 무리입니다. 이것은 성자(saint)라는 뜻입니다. 옆에 분에게 말씀해 보시죠. "당신은 성자이십니다" 부담스러우신가요? 우리는 주님께서 피 값을 지불하시고 사주신 거룩한 주의 자녀입니다.

STEP5
삶으로 살아내기
Living with Life

초등학교 운동회가 열리고 있었습니다. 한 학생이 달리기에서 일등을 하였습니다. 모두가 박수를 보냈습니다. 두 번째 출전을 하였습니다. 또 일등으로 달리고 있었습니다. 맨 앞에 달리고 있던 그는 뒤를 바라보았습니다. 그리고는 갑자기 줄 밖으로 나가 기권하였습니다. 나중에 어머니가 물었습니다.
"발에 쥐가 났니?"
아들이 말했습니다.
"내 짝이 상을 하나도 못 받았기에 그에게 상을 받게 하였어요."
이것이 거룩입니다. 거룩은 장소가 아니라 관계입니다.

[거룩한 삶을 구하는 기도]
예수님과의 관계를 통해 거룩한 삶을 살아갑시다. 이를 위해 주님과 나의 관계를 생각하고 주님 앞에 온전한 삶을 살아가도록 간구하는 기도문을 적어 봅시다.

5스텝
52주QT **13**

선한 싸움(a Righteous Battle)

바울 새로 보기

말씀 읽기
Reading Bible

7 나는 선한 싸움을 싸우고 나의 달려갈 길을 마치고 믿음을 지켰으니 8 이제 후로는 나를 위하여 의의 면류관이 예비되었으므로 주 곧 의로우신 재판장이 그 날에 내게 주실 것이며 내게만 아니라 주의 나타나심을 사모하는 모든 자에게도니라(디모데후서 4장 7-8절)

마음 닿기
Mind-Touching

영화 "바울"을 여러 일정상 보기가 어려웠는데, 먼저 보시고 감동받으신 장로님께서 '강추'하여 교역자들과 기대를 가지고 관람하였습니다. 정말 꿈같은 시간이었습니다. 지금도 감동이 사라지지 않아 가슴이 설렙니다. '앤드루 하이야트'가 감독을 맡아 제작된 이 영화는 성경 내용들에 기초하여 사도 바울의 삶의 단면들을 그려냈습니다. 또 기독교인들이 심각한 박해를 받았던, 당시 로마 제국의 진실을 담아내려고 노력했습니다. 이 영화는 성경에 생명을 불어넣은, 매력적이고 감성적인 드라마라고 볼 수 있습니다.

스토리를 간단하게 소개하자면, 로마 황제 네로가 로마에 불을 지른 후 그리스도인들이 불을 지른 것으로 누명을 씌웠습니다. 바울은 화재 범죄의 중심인물로 체포되어 사형 판결을 받았습니다. 누가는 바울에게 마지막 지혜를 얻기 위해 로마로 가서 감옥에 있는 바울을 만납니다. 로마에 있던 브리스가와 아굴라는 화재로 집을 잃은 수많은 그리스도인들을 자신의 집에서 돌보고 있었습니다.

그런데 그리스도인 공동체의 '타퀸'이라는 어린 소년이 죽자 흥분한 그의 사촌 캐시어스는 로마인을 죽이며 저항하자고 하면서 공동체를 분열시킵니다. 이 소식을 누가가 바울에게 전하자 바울은 오직 사랑만이 유일한 길이라고 답합니다. 누가는 지금 공동체에 바울의 지혜가 필요하다고 그리스도인들에게 편지를 써달라고 부탁합니다. 바울은 자신이 교회를 박해하고 주님을 만난 이야기를 불러주었고 누가에게 받아 적게 하였습니다.

한편 로마의 교도소장에게는 병든 딸이 있는데 아무리 자신이 섬기는 신에게 제물을 드려도 병이 낫지 않습니다. 어느 날 밤 딸이 위독하자 교도소장은 누가에게 자신의 딸에게 함께 가서 병을 고쳐달라고 부탁합니다. 누가는 교도소장의 딸을 고치고 바울을 찾아가 다시 그의 이야기를 들으며 사도행전을 받아적어 기록한다는 내용이 '바울'의 줄거리입니다. 바울은 그의 인생 마지막까지 교도소장에게 복음을 전하고 참수를 당합니다. 이 사이에 브리스가와 아굴라와 함께 한 성도들은 안전하게 로마를 빠져나갑니다.

돌아보기
Check-In

Q 삶에서 감동을 주는 성경의 인물을 생각해 봅시다.

A 성경의 인물이 자신에게 주는 감동을 간단히 적어 봅시다.

수용하기
Acceptance

영화 '바울'은 초대교회에 가해진 심각한 박해를 역사적 문헌들을 통해 가감 없이 고증하였고 박해받는 교인들을 위로하고 섬기는 교회 지도자들의 진정한 모습과 고민을 담백하게 그려냈습니다.

사실 저는 보면서 마음속으로 많은 눈물을 흘렸습니다. 예수 그리스도의 뒤를 따라가는 것이 기쁨과 삶의 존재 이유이지만, 때로는 너무나 고통스럽고, 때로는 너무나 답답하고, 때로는 너무나 억울하고, 때로는 너무나 힘겨워 포기하고 싶고, 때로는 너무나 외롭고 지치지만, 우리의 믿음의 선배들 역시 동일한 길을 걸었고 그 힘든 길을 같이 걷는 참된 형제, 자매들이 있었다는 것입니다. 무엇보다 그런 환경과 어려움 속에서 믿음을 지켜내고, 믿음의 경주를 끝마친 주님의 사람들의 대열에 합류하고 싶다는 강한 소망과 열망이 일어났습니다.

바울도 극심한 고통과 반복되는 심각한 어려움을 겪었는데, 그 가운데서 자신의 초기에 잘못되었던 신앙관으로 핍박하고 죽였던 사람들로 인해 내적인 고통을 겪으며, 스스로에게 던지는 한 마디가 많이 인상적이었습니다.

"완주할 수 있을까?"

왜냐하면, 저도 기도하면서 많이 했던 탄식이었기 때문이었습니다. 하지만, 끝까지 믿음을 지켜내며 마지막으로 그는 고백합니다.

"나는 선한 싸움을 싸우고 나의 달려갈 길을 마치고 믿음을 지켰습니다"

그리고 바울은 주님을 위해 순교하고 순교자들의 무리에 합류하였습니다. 그 모습을 보면서 알 수 없는 눈물이 많이도 흘러내렸습니다. 지면상 다 담아내지는 못하지만, 명대사를 통해 나누고 싶은 두 가지의 메시지가 있습니다.

1. "폭력이 아닌 사랑만이 유일한 길이다"(Love is only way).
2. "앞에 드넓게 펼쳐진 바다를 보고 있다고 상상해보게. 손을 아래로 뻗어 물속에 넣고 바닷물을 떠올려 보는 거야. 물은 손가락 사이로 조금씩 빠져나가 손

에 아무것도 남지 않겠지. 이 물이 바로 사람의 삶이야. 태어나서 죽을 때까지, 손에서 미끄러져 사라져 가지. 이 세상에서 네가 소중히 여기는 모든 것들과 함께 말이야. 그러나 내가 말하는 나라는, 내가 향하는 곳은 바다에 있는 물과 같아. 사람은 손가락 사이로 빠져나가는 그 물을 위해 살지만, 예수 그리스도를 따르는 사람은 끝없이 넓은 바다를 위해 살지."

STEP5
삶으로 살아내기
Living with Life

영화에는 당시 핍박받던 초대교회의 모습도 나옵니다. 하지만 그들은 생사가 위태로운 순간과 깊은 고민 속에서도 하나님을 신뢰하고 기도하며, 원수까지도 사랑합니다. 그래서 이 영화를 믿음을 가진 모든 그리스도인에게 추천하고 싶습니다. 그중에서도 믿음의 핍박 속에 있거나 외적, 내적으로 선한 싸움과 방황을 겪고 있는 그리스도인들이 영화를 본다면 힘을 얻고 하나님이 주시는 위로를 받으리라 기대됩니다. 또 주님의 용서의 사랑을 아직 믿지 않는 사랑하는 이들에게는 기독교와 주님을 소개하는 데에도 귀히 쓰임 받을 것입니다.

[원수(갈등)를 위해 기도하기]

결국은 사랑입니다. 아픔과 갈등 속에 있는 사람을 위해 축복 기도문을 써 봅시다. 힘들겠지만 꼭 해 봅시다.

**5스텝
52주QT 14**

고난을 통해 성숙해 가는 신앙(Faith matured through Hardship)
고난을 넘어 부활의 축복이 가득한 계절, 봄

STEP1
말씀 읽기
Reading Bible

12 사랑하는 자들아 너희를 연단하려고 오는 불 시험을 이상한 일 당하는 것 같이 이상히 여기지 말고 13 오히려 너희가 그리스도의 고난에 참여하는 것으로 즐거워하라 이는 그의 영광을 나타내실 때에 너희로 즐거워하고 기뻐하게 하려 함이라(베드로전서 4장 12-13절)

STEP2
마음 닿기
Mind-Touching

봄은 찬란한 계절입니다. 꽃이 피고 만물이 소생합니다. 추위에 움츠렸던 생물들이 살아나고 따스함으로 모든 것이 힘을 얻고 기쁨을 얻는 계절입니다. 교회에서는 사순절과 부활절을 맞이하며 생명의 기쁨을 누릴 수 있는 때이기도 합니다.

이렇게 아름다운 계절임에도 들려오는 소식들은 만나는 사람들마다 '힘들다', '두렵다' 하는 말이 많습니다. 그러나 기도 중에 지금이야 말로 고난이 두렵지 않은 믿음의 훈련을 해야 할 때라는 생각이 들었습니다.

실제로 경기가 어려워 절망하는 사람들도 있습니다. 경제학자들에 의하면, 경기는 파도와 같다고 합니다. 오를 때가 있으면 내려올 때가 있습니다. 경기침체는 계절처럼 돌고 도는 것입니다. 밀물과 썰물을 통해 바다를 정화하듯 경기도 호황과 불황을 통해 세상을 정화한다고 봅니다.

경기가 호황 되면 부패는 증가하고, 환경오염은 더 확대되며, 소득 불평등은 더 심화되고, 사치와 향락은 기승을 부립니다. 침체가 오면 호황 때 하늘 높은 줄 모르고 사치하고 교만했던 인간이 겸손해지고 하나님께 기도하게 됩니다. 경기 침체를 통해 새로운 제도가 생기고 변화와 정화가 일어납니다.

인생도 마찬가지입니다. 신앙생활도 마찬가지입니다. 늘 좋은 일만 있는 것이 아닙니다. 생로병사의 과정이 있습니다. 삶에서 당하기 싫지만 유익한 것이 있습니다. 대표적인 것이 고난입니다. 고난 중에 감사하고 찬양하는 것은 어려운 일이 아니라 기회입니다.

Q 고난이 왔을 때 나의 모습은 어떠한가? 낙망인가, 감사인가?

A 고난 중이라면, 또는 고난이 왔을 때 나의 영적 상태나 삶의 모습을 정직하게 적어 보세요.

STEP4
수용하기
Acceptance

톨스토이와 더불어 러시아의 문학의 한 축을 이루고 있는 도스토예프스키의 인생은 우울하고 고통으로 점철되어 있었습니다. 그는 어린 시절 아버지가 살해되어 고아처럼 자랐습니다. 청년기에는 혁명당에 가담한 이유로 체포되어 사형선고까지 받았습니다. 사형 집행 전에 그의 천재적인 문학성 때문에 황제의 특사로 사면이 되어 시베리아로 유배를 떠났습니다. 몇 년 뒤 유배지에서 고향으로 돌아와 결혼했지만 순탄치 못한 생활이었습니다. 어린 자식이 하나 있었지만 추위와 배고픔으로 견디지 못하고 결국 병이 들어 죽게 되었습니다. 뿐만 아니라 그는 간질병으로 고생하는 환자였습니다.

그런 그가 어떻게 그의 이 고통스러운 삶을 연명할 수 있었으며, 어떻게 '죄와 벌', '카라마조프가의 형제들'과 같은 불후의 작품을 남겨 읽는 이들로 하여금 인생의 깊이와 용기를 얻게 하였을까요? 그것은 그가 그런 인생의 고통을 절망 속에서 받아들이지 않았기 때문입니다. 오히려 고통과 싸웠고, 그 고통 속에서 하나님을 발견하였고, 예수님을 만났습니다. 절망을 희망으로 바꾸시는 십자가에 달리신 예수님을 만났습니다. 그는 하나님에 대한 소망과 믿음 때문에 자신의 고통스러운 인생을 승화시키며 작품을 쓸 수 있었습니다.

때때로 이런저런 고난이 올 때 낙담하지 말고 자기 십자가를 지고 주님을 따르는 심정으로 직면할 수 있기 바랍니다.

존 스토트 목사는 유럽교회가 박해를 받지 않는 이유는 박해할 만한 것을 말하지도, 행하지도 않고 세상과 타협하고 있기 때문이라고 했습니다. 만약 그리스도인들이 복음에 대해 타협하지 않으면 고난당하는 일이 많아질 것이라고 했습니다. 교회와 그리스도인들이 예수 그리스도가 죄인들을 위해 십자가에서 죽으셨고 구원은 전적으로 값없이 받은 십자가의 은혜에 의해 주어진다는 원색적인 복음을 굳게 붙잡으면 세상의 교만한 사람들에게 걸림돌이 될 것입니다. 교회가 동성애에 반대하고 혼전순결, 부부의 정절, 원수 사랑을 강조하면서 강력하게 전도하면 대중들의 비난도 받을 수 있습니다.

어쩌면 오늘날 우리가 당하는 고난은 고난이 아닐지도 모릅니다. 그러나 언젠가 복음, '전하지 말라', '더 이상 예수에 대해 말하지 말라'고 할 때가 올지 모릅니다. 그때 주님께만 순종할 수 있어야 합니다. 사순절을 지내면서 주의 십자가를 더욱 깊이 묵상하고 어떠한 고난도 두려워하지 말고 주님을 더욱 온전히 따르는 삶을 결단할 수 있기를 바랍니다.

"사랑하는 자들아 너희를 연단하려고 오는 불 시험을 이상한 일 당하는 것 같이 이상히 여기지 말고 오히려 너희가 그리스도의 고난에 참여하는 것으로 즐거워하라 이는 그의 영광을 나타내실 때에 너희로 즐거워하고 기뻐하게 하려 함이라" (베드로전서 4:12-13)

[고난을 믿음으로 이겨내는 기도]
삶은 항상 고난이 있습니다. 그때의 우리의 자세를 생각하고 지금까지 고난 중에 낙망했던 것을 회개하고 고난을 통해 성숙한 자리로 나아갈 수 있게 해 달라고 짧은 기도문을 적고 기도해 봅시다.

5스텝 52주QT 15

영혼 사랑(Soul Love)

하나님의 심장 소리

STEP1
말씀 읽기
Reading Bible

하늘로부터 소리가 있어 말씀하시되 이는 내 사랑하는 아들이요 내 기뻐하는 자라 하시니라(마태복음 3장 17절)

STEP2
마음 닿기
Mind-Touching

미국의 대표적인 복음주의 교회인 새들백교회의 '릭 워렌(Rick Warren)' 목사님을 잘 아실 겁니다. 그분이 쓰신 책 「목적이 이끄는 삶(the Purpose Driven Life)」은 세계적으로 베스트셀러가 되었습니다. 하나님께서 우리를 우연히 살도록 창조하신 것이 아니라, 각 사람에게 부름 받은 목적에 따라 살아가도록 계획하셨다는 것이 책의 골자입니다. 이 책으로 한국교회 뿐만 아니라 세계교회의 많은 성도들이 큰 힘을 얻었고 자신의 부르신 목적을 따르며 믿음의 진일보를 위해 나아갔습니다.

「목적이 이끄는 삶」에 나오는 이야기 한 토막입니다. 릭 워렌 목사님의 아버지께서 위독하여 사경을 헤매고 계실 때, 목사님 부부는 병원에 가서 아버지의 임종을 지켜보았다고 합니다. 그때 릭 워렌 목사님은 아버지의 중얼거리는 소리를 듣게 됩니다.

"한 사람만 더, 한 사람만 더"

부부는 처음에는 '도대체 무슨 말일까?' 하는 생각을 하고 있었습니다. 그러다 곧 하나님께서 이런 감동으로 깨우쳐주셨답니다.

'한 영혼을 더 전도해야 하는데, 한 영혼을 더 전도해야 하는데...!'

죽기 전까지 한 영혼의 구원을 외치셨던 아버지의 마음을 짧은 한 마디 속에 깨달을 수 있었습니다. 하나님께서 아버지에게 부어주신 사랑이 어찌나 컸던지, 아버지의 생의 마지막 순간까지 외치는 한 마디는 한 영혼이라도 더 하나님과의 사랑의 자리로 회복시키는 것이었습니다.

돌아보기

Q 전도하고 있나요?

A 전도의 시작은 영혼을 사랑하는 것입니다. 혹여, 나에게 영혼 사랑하는 마음이 없다면 그 마음을 주시길 간구하고, 내가 복음을 전해야 할 사람들을 5명 정도 정리해 보고 그 영혼을 사랑하는 마음을 주시길 기도해 봅시다.

수용하기

"하늘로부터 소리가 있어 말씀하시되 이는 내 사랑하는 아들이요 내 기뻐하는 자라 하시니라" (마 3:17)

마태복음 3장을 보면 예수님의 공적인 생애의 시작을 알리는 장면이 나옵니다. 바로 예수님께서 세례 요한에게 세례를 받는 장면입니다. 죄가 없는 하나님의 아들이 죄를 씻는 세례를 받는다는 것이 아이러니합니다. 하지만, 예수님은 하나님의 뜻을 위해 기꺼이 요단강에 서 계십니다. 그리고 이 모든 광경을 지켜보신 하나님은 말씀하십니다.

"이는 내 사랑하는 아들이요 내 기뻐하는 자라..."

하나님의 뜻을 이루기 위해 묵묵히 순종하시는 예수님의 모습을 보며, 벅찬 감격으로 외치시는 하나님의 떨림이 느껴집니다.

우리는 사순절을 보내고 있습니다. 하나님의 아들 예수님께서 이 세상에 오셔서 하나님의 뜻을 이루기 위해 걸어가신 십자가의 길을 묵상하며, 예수님이 이 땅에 왜 오셨는지 기억하며 살고 있습니다. 예수님은 이 세상에 하나님의 심장소리를 잃어버린 자들에게 다시금 하나님의 심장소리를 듣게 하기 위해 오셨습니다. 예수님께서는 하나님의 사람들이 다시금 하나님이 기뻐하시는 일을 하며 심장이 두근거리도록 하기 위해 오셨습니다.

하나님이 사랑하시고, 하나님께서 기뻐하시는 일을 행하신 예수님의 행적을 볼 때마다 하나님께서 얼마나 감격하시고, 흥분하셨을까요? 주님은 말씀하십니다. "인자가 온 것은 섬김을 받으려 함이 아니라 도리어 섬기려 하고 자기 목숨을 많은 사람의 대속물로 주려 함이니라"(막 10:45). 그리고 그 순종은 온 인류를 구원하는 귀한 열매로 나타납니다. 예수님의 순종은 하나님께서 이 세상을 얼마나 사랑하시며, 하나님의 형상을 입은 우리를 얼마나 사랑하시는가 보여주는 표징이 되게 하십니다.

하나님의 가슴을 벅차게 한 예수님의 순종의 삶! 하나님은 이 감격의 여운을 우리의 삶에서 찾고 계십니다. 과연, 무엇으로 우리는 하나님의 시선을 고정시키고, 하나님의 입가에 미소를 짓게 하며, 하나님의 가슴을 벅차게 할 수 있을까요?

이제 우리 교회가 하나님의 가슴을 벅차게 하고자 합니다. 바로 '영혼 사랑' 입니다. 하나님께서 찾으시고, 하나님께서 기다리는 그 영혼을 향한 벅찬 가슴을 안고 하나님을 기쁘시게 하기 원합니다. 우리의 '거룩한 열심' 이 하나님을 기쁘시게 할 것입니다.

우리가 한 영혼이 주님께 돌아오기를 작정하며 작성하는 '작정 카드' 는 한 알의 밀알이 될 것입니다. 그리고 우리는 기도와 관심을 통해 열매 맺기 위해 수고하고 애쓸 것입니다. 나아가 우리의 지속적인 관심을 실천하기 위해 '파라솔 전도' 나 '관계 전도' 를 통해 지속적인 활동을 시행할 것입니다. 이 모든 것은 하나님께서 넉넉히 이뤄 주실 것을 믿습니다. 잃어버린 영혼들을 향한 우리의 작정과 관심이 하나님을 춤추게 할 것입니다. 이 귀한 사역에 우리 모두 기쁨으로 동참합시다.

[전도 대상자를 위한 기도문]
앞에서 언급한 것처럼 전도 대상자를 위한 짧은 기도문을 적어 봅시다.

5스텝 52주QT 16

기쁨의 50일(The Great Fifth Days)

공감소비운동, 그리스도인들의 자발적인 작은 몸짓

STEP1
말씀 읽기
Reading Bible

15 너희가 나를 사랑하면 나의 계명을 지키리라 16 내가 아버지께 구하겠으니 그가 또 다른 보혜사를 너희에게 주사 영원토록 너희와 함께 있게 하리니 17 그는 진리의 영이라 세상은 능히 그를 받지 못하나니 이는 그를 보지도 못하고 알지도 못함이라 그러나 너희는 그를 아나니 그는 너희와 함께 거하심이요 또 너희 속에 계시겠음이라(요한복음 14장 15~17절)

STEP2
마음 닿기
Mind-Touching

기독교를 가리켜 소위 '기뻐하는 종교'라고 말합니다. 이 말은 우리의 소원이 성취되었을 때뿐만 아니라, 어려운 일을 당했을 때에도 기뻐할 수 있는 종교가 바로 기독교라는 의미입니다. 더 나아가 이 말은 우리가 처해 있는 상황에 상관없이 항상 기뻐해야 하는 종교가 바로 기독교라는 뜻이기도 합니다.

그러면 어떻게 항상 기뻐할 수 있습니까? 그것은 바로 우리가 '주 안에 있을 때', '성령 안에 있을 때'만 가능합니다.

성령님께 사로잡혀 있을 때에 비로소 환경을 초월해서 '오직 주님'을 바라보게 되고 '천국'을 바라보게 되기 때문입니다. 따라서 우리는 성령 충만을 받아 우리가 처해 있는 상황을 운명이나 환경이나 사람의 탓으로 돌리지 말고, 그 자리에서 박차고 일어나 늘 기뻐하고 승리하는 삶을 살아가야 할 것입니다.

(출처: 네이버 블로그 '한나')

STEP3
돌아보기
Check-In

Q 나의 기쁨의 근원은 어디서 나오는가?

A 세상의 조건이나 이유로 기뻐하는 것인지, 아니면 하나님께서 주시는 절대적인 기쁨인지 점검해 보고 나의 기쁨의 조건들을 적어보고 정리해 보자.

우리는 부활의 기쁨을 새롭게 맞이하고 있습니다. 부활주일부터 시작하여 오순절 성령강림 주일에 절정을 이루는 50일간의 기쁨의 절기를 교회력으로 "기쁨의 50일"(The Great Fifth Days)이라고 부릅니다.

"기쁨의 50일"(The Great Fifth Days)의 영적 의미는 바로 그리스도께서 현존하신 기쁨이요, 그분의 통치 안에서 누리는 자유 그 자체에 있습니다. 부활하신 주님이 제자들과 함께 하여 주셨듯이 지금 우리와 함께 하여 주시며, 우리를 그분의 통치 안에서 자유를 누리도록 하여 주신 날이기 때문입니다.

이러한 기쁨의 절기는 예배의 물줄기를 넘어 우리의 삶에서 선교적 삶의 기쁨으로 나아가게 합니다. 부활 공동체의 증인인 우리의 책임은 사회적 행동이나 사회적 봉사로 나아가야 합니다. 부활에 의하여 생성된 변화는 단순히 개인적인 차원에 머물러서는 안 되며, 공동체의 변화 이상의 사회적·문화적 변화에까지 확대시켜야 합니다. 그래서 기쁨의 50일은 우리에게 주신 기쁨을 세상에 전하는 부활의 통로가 되는 기간입니다.

하지만, 여전히 우리 주위에는 코로나-19로 인한 아픔들이 있습니다. 사회적 거리 두기로 모임의 제한을 겪고 있습니다. 뿐만 아니라 경제적 위기가 닥친 상황에서 사회 취약 계층과 소상공인들을 볼 때마다 마음이 아픕니다. 사회적으로 많이 힘들고, 지쳐있는 지역과 이웃을 위해 교회가 무엇을 할 수 있을까에 대한 많은 고민을 했습니다. 부활의 기쁨이 교회의 잔치가 아니라, 소망 없이 절망하는 세상에도 기쁨이 될 수 있는 섬김이 무엇일지 고민하다, 지역 상권과 이웃을 향한 자발적 나눔의 시간을 통해 교회가 지역을 품고 섬기기로 결정했습니다.

"공감소비운동"은 교회 근처의 전통시장, 상가에서 취약계층에 필요한 물품을 구입하여 전달하는 운동으로, 코로나-19로 더욱 어려워진 지역 상권도 살리고 소외된 계층을 돌보는 운동입니다. 경제 활성화가 되지 않아 많은 소상공인들이 힘들어하고 있습니다. 특별히 우리 교회가 있는 지역에는 큰 전통시장인 노른산 시장과 영동 골목시장이 있습니다. 시장과 지역의 어려운 이웃들을 돕기 위해, 교회 근처의 전통시장과 상가에서 물품을 구입하고 상하지 않을 만한 가공식품이나 생필품을 위주로 상자에 포장해 다시 취약계층에 전달하고자 했습니다.

이를 위해 ① 부활의 기쁨 나눔, ② 부활의 소망 나눔, ③ 부활의 섬김 나눔, ④ 부활의 사랑 나눔을 실시하였습니다. 특별히 교회에서 '전통시장 이용의 날'을 정해 집중적으로 시장에 계신 분들을 격려하고 물건을 구매하는 일을 하였습니다. 또한, 교통업계에 종사하는 분들을 위해서 '대중교통 이용의 날'도 준비했습니다. 또한, 우리 지역의 소외되고 어려운 이웃들을 향한 구제 사역과 물품 전달을 기획하였습니다. 교회 인근 식당과 카페를 이용하며, 함께 살려는 작은 몸부림도 해보았습니다.

"공감소비운동"을 통해 코로나-19 사태를 맞아 대한민국의 고통을 보듬는 기독교로 거듭나며, 영세상인 및 취약계층과 함께 하는 선한 그리스도인의 이미지가 재고되기를 기대합니다.

부활을 사는 사람들은 자신의 평안만을 위해 살아가지 않습니다. 우리 부활하신 주님께서 두려워 떨고 있는 제자들에게 나타나 그들에게 평안을 주시고, 그들에게 성령으로 담대함을 허락하셨듯이, 우리도 부활을 사는 자로 소외되고 힘들어하는 우리의 이웃들을 위로하고, 격려하는 신앙인들이 되어야 하겠습니다.

[하나님이 주시는 기쁨을 이웃과 나눌 수 있는 믿음의 기도]

기쁨의 50일을 통해 주님께서 주신 참된 기쁨을 이웃과 함께 나눌 수 있도록, 내가 할 수 있는 선행의 내용을 구체적으로 적어보고 기도해 봅시다.

5스텝 52주QT 17

하나님의 선교(Mission of GOD)

Missio Dei
미시오 데이는 '하나님의 선교' 혹은 '하나님의 보내심'으로 번역된다. 라틴어로 표현된 기독교의 신학 용어이다.

STEP1
말씀 읽기
Reading Bible

오직 성령이 너희에게 임하시면 너희가 권능을 받고 예루살렘과 온 유대와 사마리아와 땅 끝까지 이르러 내 증인이 되리라 하시니라(사도행전 1장 8절)

STEP2
마음 닿기
Mind-Touching

초대 선교사 '펜윅(Malcom C. Fenwick)'이 어느 날 조선총독부의 호출을 받고 출두하였습니다. 그들은 펜윅에게 "더 이상 이곳에서 선교하지 말고 본국으로 귀국하라"라고 하면서 "누구의 허락을 받고 한국에서 선교하느냐?"는 질문을 하였습니다. 이때 펜윅은 대뜸 대답하기를 "나는 오래전에 벌써 허가를 받았고 명령도 받아 선교하고 있는 것이오."라며 사도행전 1장 8절을 펼쳐 보였습니다. 조선총독부는 펜윅의 이 같은 당당한 태도에 눌려 그를 책잡지 못했습니다.

(출처: 다음 블로그 '하나님의 사랑 안에서')

STEP3
돌아보기
Check-In

Q 선교하면 생각나는 나라, 혹은 지역이 있나요?

A 내가 갔다 왔던 선교지에 대한 인상을 적어보고, 아직 가 보지 못했다면 가고 싶은 선교지와 어떤 선교(복음 전파, 의료, 봉사, 등)를 하고 싶은지 간단히 적어 보세요.

STEP4
수용하기
Acceptance

2019년 10월부터 우리 교회는 태국 단기선교를 위해 기도로 준비하였습니다. 이번 '단기선교'에는 25명의 청년들이 참석했습니다. 이미 8년 전에 태국 선교는 시작되었고 우리 교회에서 '우돈타니' 지역에 교회를 세웠습니다. 올해는 우리 청년들이 '우돈타니' 지역을 8회로 섬기는 선교였습니다. 저는 우리 교회가 헌신하여 세운 현지 교회를 방문하고, 청년들을 격려하고 앞으로 어떻게 협력 선교를 할지 방향을 모색하기 위해 다녀왔습니다. 지난 며칠 동안 '선교'에 대해 생각하면서, 하나님께서는 선교를 어떻게 감당하셨는지 살펴보는 것이 마땅하다는 생각이 들었습니다. 선교는 '세상에 하나님의 존재와 하나님이 하신 일을 알려서, 사람들이 하나님을 믿도록 하는 것'이라고 생각합니다. 그렇다면 하나님은 자기 자신을 인간에게 알리기 위해 무엇을 하셨는지요? 천지만물을 통해, 인간의 이성, 양심을 통해, 역사를 통해 하나님께서는 끊임없이 자신의 존재를 알려오셨습니다.

그러나 이런 모든 것들은 구원에 이르는 지식을 갖게 하지는 않습니다.

하나님께서 인간 구원을 위해 하신 '하나님의 선교'는 요한복음 3장 16절에 잘 요약되어 있습니다. "하나님이 세상을 이처럼 사랑하사 독생자를 주셨으니 이는 그를 믿는 자마다 멸망하지 않고 영생을 얻게 하려 하심이라"

1. 하나님은 선교를 위해 자기 아들을 보내셨습니다

하나님 아버지께서는 죄로 인해 단절된 인간과의 관계를 회복하기 위해 자기 아들을 세상에 보내셨습니다. 그 아들을 통해 자기의 존재를, 자기의 성품을, 자신이 하시는 일을 인간에게 보여주셨습니다.

그리고 우리 인간들이 저지른 죄가 얼마나 큰지, 아들의 죽음이 아니면 용서받을 수 없음을 알려 주셨습니다. 이것이 바로 하나님의 선교였습니다. 하나님 아버지께서 아들을 보내신 것처럼, 아들이신 예수 그리스도께서도 사도들을 세상에 보내셨습니다. 선교 역사를 보면 보냄을 받은 사람들이 반드시 있습니다.

2. 하나님의 선교의 동기는 사랑입니다

아버지 하나님께서 세상의 구원을 위해 자기 아들을 보내신 것 자체가 사랑입니다. 그러나 오히려 세상을 사랑하시기 때문에 그 사랑의 표현으로 아들을 보내셨습니다. 하나님께서 아들을 이 세상에 보내셨을지라도 사랑이 없었다면 아무런 의미가 없습니다. 땅 끝까지 이르러 선교를 하더라도 사랑이 없으면 아무런 유익이 없습니다. 하나님은 사랑이십니다. 하나님은 우리를 사랑하십니다. 우리가 고난을 당하고 있을 때이건, 우리가 스스로 행복하다고 느낄 때이건 하나님이 우리를 사랑하신다는 사실은 변함이 없습니다. 우리가 진정 하나님을 믿는다면 하나님의 사랑을 의심할 수 없습니다.

우리 자신이 하나님의 사랑을 받고 있는 자라는 사실을 깨닫는 것이야말로 가장 귀중한 선교의 열매입니다. 우리는 사랑받기 위해 태어난 사람들입니다. 그리고 우리들이 하나님의 사랑받는 존재라는 것을 깨닫는 것이 바로 정체성 확립입니다. 그러기에 전하는 자들, 보냄을 받은 자들, 그리스도인들은 서로 사랑해야 마땅합니다.

3. 하나님의 선교의 목적은 영생입니다

선교는 숫자를 늘리는 것, 교세를 확장하는 것이 아닙니다. 장로교인, 감리교인, 루터교인, 침례교인을 만들어 내는 것이 선교가 아닙니다. 수많은 사람이 모여들어도 그중에 죄로 인한 멸망을 알지 못하고 믿음으로 말미암은 영생을 얻은 사람이 없다면 무슨 소용이 있습니까? 선교는 이 세상에서 부귀와 영화를 누리도록 하는 것이 목적이 아닙니다. 선교는 바로 사람들이 영생을 얻도록 하는데, 죄로부터 구원을 받도록 하는 데 목적이 있습니다.

하나님께서는 성자 예수 그리스도를 통해 하나님과 교제를 나누는 영생의 존재, 하나님이 창조 시에 계획했던 인간으로 회복시키셨습니다. 선교는 하나님과의 영원한 교제를 이루도록 돕는 것이라고 할 수 있겠습니다. 결국 선교는 보냄을 받은 자들이 사람들로 하여금 예수님을 만나도록 하는 것입니다. 예수님이 어떻게 사셨고, 무엇을 가르치셨는지, 죄인들을 어떻게 용서하시며 사랑하셨는지, 고난을 당할 때 어떻게 행하셨는지 가르쳐 주는 것입니다. 예수님의 삶은 성경에 잘 나와 있습니다. 우리의 지식과 경험을 가지고 성경을 해석하는 것이 아니라 기도하며 겸손한 자세로 묵상하여 주님의 참된 모습을 보고 만나도록 돕는 것이 바로 선교입니다.

STEP5
삶으로 살아내기
Living with Life

모든 그리스도인들은 보냄을 받은 자들입니다. 그러기에 선교는, 보냄을 받은 자들이 예수님의 삶의 모범을 따라 살아감으로 자신들을 통해 사람들이 주님을 만나도록 하는 것이라고 할 수 있습니다. 그런 선교의 현장에 가든지 보내든지 적극적으로 참여하여 하나님의 감동이 되는 우리 교회의 선교가 되기를 희망합니다.

[선교지를 위한 기도문]

보내는 선교사이던지, 가는 선교사로서 선교를 위한 기도문을 적어서 기도해 봅니다.

5스텝
52주QT **18**

행복은 오직 하나님으로부터(Happiness comes only from God)

행복의 비결

STEP1
말씀 읽기
Reading Bible

이는 만물이 주에게서 나오고 주로 말미암고 주에게로 돌아감이라 그에게 영광이 세세에 있을지어다 아멘(로마서 11장 36절)

STEP2
마음 닿기
Mind-Touching

아프리카의 쿤타리카라는 깊은 산에는 300여 종류의 원숭이들이 살고 있는데 영국의 리즈버리 탐험대가 그곳에서 이상한 현상 세 가지를 발견했습니다.

첫째는 어느 날 아침, 온 산이 떠나갈 듯이 원숭이들이 고함을 질러대는 것이었습니다. 그들의 지도자격인 원숭이가 세상을 떠났기에 슬퍼하는 표시였습니다. 둘째는, 부부 원숭이가 서로 얼굴을 쓰다듬어 주며 눈물을 닦아주는 모습이었습니다. 작은 새끼가 죽었는데 서로의 슬픔을 위로해 주는 것이었습니다. 셋째는 원숭이 한 마리가 커다란 구렁이에 칭칭 감겨 죽어가고 있는데 수십 마리의 원숭이가 돌을 던지면서 그 구렁이와 대항하여 싸우는 것입니다. 원체 커다란 구렁이라 잡은 원숭이를 다 잡아 삼키자 모든 원숭이들이 나무에 거꾸로 매달려서 슬프게 울고 있더라는 것입니다.

그 후 영국의 리즈벨리 탐험대는 다른 사람의 슬픔이나 어려움에 참여할 줄 모르고 자기만을 위하여 살고 있는 사람들을 볼 때에 아프리카의 쿤타리카 산속으로 보내자는 말을 했다고 합니다.

이 사회에는 위로받아야 할 사람들이 많습니다. 가난해서 끼니를 거르는 사람에게 끼니 한 번 대접한다면 그것이 가장 큰 사랑이며, 병든 사람을 찾아가 용기를 주며 하나님께 기도해 주는 그 사람이야말로 위로자요 사랑의 실천자입니다. 기독교인들은 위로해 주는 사람이 되어야만 합니다. 위로해 주는 일은 가장 아름다운 사랑의 꽃이요 신앙고백을 실천하는 행동입니다. (출처: 한태완 목사, 하나교회)

돌아보기

Q 다른 사람들을 위로할 때 스스로는 어떤 방법을 쓰고 있나요?

A 아픔과 슬픔, 고통 중에 있는 사람을 위로하는 자신의 방법을 구체적으로 정리해 봅시다. (예) 물질 후원, 말로서 격려, 함께 식사 등.

수용하기

인간은 누구나 삶을 살아갑니다. 행복한 삶을 사느냐 그저 그런 삶을 사느냐는 자신의 몫입니다. 행복한 삶은 그저 얻는 것이 아닙니다. 자신을 찾고 자아를 실현하며 남과 더불어 살아갈 때 인간은 만족을 얻습니다. 행복하기 위해서는 노력해야 합니다.

인간은 늘 근원적인 물음 앞에 마주 서야 합니다. '나는 어디서 왔는가? 나는 어디로 가는가? 그리고 나는 누구인가?' 자신이 누구이며 어디로 가고 있는지 늘 물어야 합니다.

"이는 만물이 주에게서 나오고 주로 말미암고 주에게로 돌아감이라 그에게 영광이 세세에 있을지어다"(롬 11:36)

이렇게 스스로 묻는 물음 속에서 근원적인 삶의 뿌리 같은 것을 확인할 수 있습니다. 항상 자신의 삶이 어디로 가고 있는가를 물을 수 있어야 지혜로운 사람입니다. 저마다 서있는 자리에서 자기 자신답게 살아야 합니다. 무엇이 되어야 하고 무엇을 이룰 것인가, 스스로 물으면서 자신의 삶을 만들어가지 않으면 안 됩니다. 누가 내 삶을 만들어 줄까요? 아닙니다. 내가 내 삶을 만들어 갈 뿐입니다.

나이는 어리지만 현명한 한 아이가 생각했습니다. '많은 사람이 행복해지기 위해 노력하는데 그러면 행복해지기 위한 조건은 무엇일까요?' 그리고 아이는 자신의 궁금증을 풀기 위해 여러 사람을 찾아가 행복의 조건이 무엇인지 물어보았습니다.

길에서 구걸하는 사람이 말했습니다. "당연히 돈이지. 많은 돈을 가지고 큰 집에서 깨끗한 옷과 좋은 음식을 매일 먹을 수 있으니 얼마나 행복하겠어."

이번에는 부유하고 명예까지 있지만 나이도 많고 건강도 좋지 않은 부자가 말했습니다. "젊고 건강한 몸이 진정한 행복이야. 내 팔다리로 마음껏 뛰고 달릴 수 있는 것이 바로 최고의 행복이야."

같은 질문에 대해서 젊고 건강하지만 결혼하지 못한 군인이 말했습니다. "따뜻하고 화목한 가정이 제일 중요하지. 기쁜 일도 슬픈 일도 언제나 함께할 아내와 귀여운 재롱을 부리는 아이가 있으면 행복할 거야."

남편과 함께 세 아이와 생활하는 여성이 말했습니다. "혼자만의 시간이 필요해.

가족도 잠시 잊고 나만의 평화로운 시간을 가지면 행복할 거야."

여러 사람을 만난 아이는 행복의 조건이 무엇인지 알게 되었습니다. "나에게 없는 것이 행복의 조건이구나."

이미 내가 당연시하는 조건이 다른 누군가가 간절히 원하는 행복의 조건이 될 수도 있습니다. 내게 없는 것을 바라보기보다 내가 가진 것에 감사하는 것이 행복의 비결입니다. 인간의 목표는 풍부하게 소유하는 것이 아니고 풍성하게 존재하는 것입니다. 소유와 소비 지향적인 삶의 방식에서 존재 지향적인 생활 태도로 바뀌어야 합니다.

STEP5
삶으로 살아내기
Living with Life

오랜 세월을 앞에 두고 살아가는 대신 지금 이 순간을 성실히 살아야 합니다. 과거도 없고 미래도 없습니다. 항상 현재 속에 과거도 미래도 연결될 뿐입니다. 지금 이 자리에서 최선을 다해 최대한으로 살 수 있다면 여기에는 삶과 죽음의 두려움도 발붙일 수 없습니다. 지금 이 순간을 놓치지 마세요. 이런 순간들이 쌓여 한 생애를 이룹니다. 그리고 우리가 쌓아 이룬 생애를 인도하여 주신 분이 계심을 기억해야 합니다. 죽을 수밖에 없는 죄인을 구원하여 주신 하나님의 사랑이 우리의 삶의 주인이시고, 인도하여 주심을 고백할 때 우리는 참 행복으로 누릴 수 있습니다.

[신앙고백을 통해 행복한 삶을 고백하는 기도]

하나님을 고백하는 신앙에서 오는 행복은 절대적입니다. 이 믿음의 고백을 간단히 정리해 봅시다.

5스텝
52주QT **19**

행복의 비결(The Secret of Happiness)
남을 귀하게 여길 때 내가 행복해진다

STEP1
말씀 읽기
Reading Bible

3 아무 일에든지 다툼이나 허영으로 하지 말고 오직 겸손한 마음으로 각각 자기보다 남을 낮게 여기고 4 각각 자기 일을 돌볼뿐더러 또한 각각 다른 사람들의 일을 돌보아 나의 기쁨을 충만하게 하라(빌립보서 2장 3-4절)

STEP2
마음 닿기
Mind-Touching

어느 신앙인들의 대화입니다.

"선생님, 저는 도저히 하나님을 이해할 수가 없어요. 전지전능하시다는 분이 어째서 사람들이 서로를 죽이고, 도시를 파괴하는 전쟁을 그대로 내버려 두시는 겁니까?"

"그럼 당신은 하나님이 전쟁을 멈추게 해야 한다고 생각하시는 겁니까?"

"물론이지요. 하나님은 그들의 싸움을 막으셔야 합니다. 그대로 내버려 둔다는 건 말도 안 돼요."

"그렇다면 하나님은 인간들로 하여금 선한 일과 선한 생각만 하도록 해야 한다는 말입니까?"

"그렇지요."

"그러면 가만히 생각해 보십시오. 당신에게 하나님이 '이 일만 하고 저것은 하지 말아라. 너는 선택할 아무 자격도 없다. 왜냐하면 너는 오로지 선한 일만 행해야 하기 때문이다' 라고 그렇게 하지 않으시는 이유는 우리의 인격을 존중하시며, 우리가 당신의 꼭두각시가 되는걸 원치 않으시기 때문입니다. 하나님은 스스로 선택하여 선한 사람이 되는 걸 원하십니다."

"…아, 예. 그런 것 같기도 하군요."

(출처: 다음 카페 '마산시민교회)

Q 행복한 삶의 비결이 무엇인지 생각해 보세요.

A 행복한 삶은 나의 욕심 보다 남을 즐겁게 행복하게 해 줄 때 더욱 행복합니다. 내가 남을 위해 행복하게 해 줄 수 있는 것 세 가지만 적어 보세요.

STEP4
수용하기
Acceptance

우리 속담에 말하기를 "토끼를 잡으려면 귀를 잡고, 고양이를 잡으려면 목덜미를 잡고, 사람을 잡으려면 마음을 잡으라."라고 했습니다. 실제로 어떤 대상을 이해하려면 먼저 그 대상을 사랑해야 합니다. 그래야 상대방의 마음이 보입니다.

사랑을 알아야 인생을 알아갑니다. 때에 맞는 사랑을 받을 때 인생은 풍요로워집니다. 그러나 사랑을 받기만 하면 결함이 있습니다. 사랑은 주는 단계로 발전될 때 완성됩니다. 사랑은 주고받는 것이기 때문입니다. 받는 것을 통해서 주는 것을 배워야 합니다. 나만 아니라 네가 있다는 것을 배워야 합니다. 행복은 사랑을 나누어 줄 때 커집니다.

사랑은 위대합니다. 사랑의 중심에 하나님이 계십니다. "하나님은 사랑이십니다." 하나님의 참사랑을 느낄 때 행복하고 사람은 사람다워집니다. 사랑할 때 세상은 아름나워십니다. 즐거운 인생, 행복한 인생이 되려면 사람을 사랑하고 좋아하고 존귀히 여겨야 합니다. 사람을 즐거워하고 존귀하게 여기는 사람은 지도자가 되고 성공자가 되고 행복자가 될 수 있습니다.

즐거운 인생이 되려면 근심을 덜어내는 기술이 있어야 합니다. 어떤 조사에 따르면, 걱정의 40%는 '절대로 일어나지 않는 일'이라고 합니다. 걱정의 30%는 '이미 일어난 과거의 일'이고, 걱정의 22%는 '사소한 고민'입니다. 그리고 걱정의 4%는 '우리 힘으로는 어쩔 수 없는 일'입니다. 오직 4%만이 우리가 바꾸어 놓을 수 있는 일이라고 합니다. 즉, 우리가 걱정할 일은 오직 4%에 불과합니다. 그러므로 앞으로 어떤 일에 대해서 걱정하려거든 4%만 걱정하면 됩니다.

성도의 삶은 내 근심을 덜어내고 남의 기쁨은 더하게 하는 인생이 되어야 합니다. 남을 행복하게 할 때 내가 행복해지고, 남을 성공시킬 때 내가 성공할 수 있습니다. 발을 동동 구른다고 내가 탄 인생의 열차가 더 빨리 달리는 것이 아닙니다. 걱정하면 불행의 열차가 되고, 자족하면 행복의 열차가 됩니다. 열차를 탔으면 느긋하게 차창 밖의 산천을 즐기면서 열차에 몸을 맡기는 것이 최상의 여행 방법입니다.

칭기즈칸의 손자이며 중국의 황제가 된 '쿠빌라이 칸'(忽必烈汗, 1215-1294)의 유언에 이런 말이 있습니다. "내가 최고라고 자만하지 말라. 옆을 보고 앞을 보고 뒤를 보아라. 산을 넘고 강을 건너고 바다를 건너라. 세상을 살되 한 뼘이라도 넓게 살고, 사람을 사귀되 한 명이라도 더 사귀며, 기술을 배우되 한 가지라도 더 배우라. 상대가 강하면 너희를 바꾸고, 너희가 강하면 상대를 바꾸라."

일본에서 실제로 있었던 일입니다. 어떤 사람이 집수리를 하기 위해 벽을 뜯었습니다. 그런데 벽 틈에 도마뱀 한 마리가 대못에 꼬리 윗부분이 찍힌 채 살아 있었습니다. 주인이 깜짝 놀라 살펴보니 대못은 10년 전에 그가 집을 지을 때 박았던 것입니다. 옴짝달싹 못하는 공간 속에서 10년 동안이나 어떻게 살아왔나 의아해하고 있는데 마침 다른 도마뱀 한 마리가 먹이를 물고 기어올라 왔습니다. 못에 찔린 도마뱀은 다른 친구 도마뱀의 도움으로 10년이란 세월을 살아남을 수 있었던 것입니다.

STEP5
삶으로 살아내기
Living with Life

사랑과 우정은 기적을 만드는 재료입니다. 우리들도 다른 사람을 진심으로 생각하며 살고, 남의 부족을 채우는 인생이 되시기를 소망합니다. 사람은 친구와 동역자가 많아야 인생이 즐겁고 행복합니다. 친구와 동역자가 많기 위해서는 내가 먼저 베풀어야 합니다. 말과 혀만이 아니라 행함과 진실함으로 실제적 도움을 베풀어야 합니다. 유쾌한 사람은 자기 일에만 몰두하는 사람이 아닙니다. 때론 자신의 일을 전부 제쳐놓고 타인의 문제에 전력을 쏟는 열정이 있는 사람입니다. 타인에게 자신의 힘을 나누어주고 마음을 열어주는 것은 자신의 삶을 행복하게 만드는 방법일 것입니다.

[남을 높이기를 위한 기도]

우리는 항상 자기가 높아지려고 합니다. 남을 높이는 것은 연습과 훈련이 필요합니다. 남을 높이는 기도문을 적어 봅시다.

5스텝 52주QT 20

행복한 가정(Happy Family)
행복한 가정 만들기

STEP1 말씀 읽기
Reading Bible

여호와께서 집을 세우지 아니하시면 세우는 자의 수고가 헛되며 여호와께서 성을 지키지 아니하시면 파수꾼의 깨어 있음이 헛되도다(시편 127편 1절)

STEP2 마음 닫기
Mind-Touching

[행복한 가정의 십계명]

1. 남편과 아내가 서로 동등하다 : 구별은 있어도 우열은 없다. 열린 가정은 높고 낮음의 지위보다 애정과 사랑의 요소에 관심이 높다.

2. 잘못했음을 발견했을 때 언제라도 '내 탓이야'라고 사과한다 : 실수 없는 가정이 온전한 가정이 아니라 실수에도 불구하고 용서가 있는 가정이 온전한 가정이다.

3. 권위 대신 사랑의 지배를 받는다 : 가정을 묶어주는 끈은 제도나 법률이 아니라 사랑이다. 권위적이지 않으면서 권위가 있게 하라.

4. 항상 '눈높이'를 생각한다 : 상대방을 위해 속도를 늦추고 높이를 낮추며 때로는 기다림을 위해 멈춰서 보라. 가장 큰 사랑은 '눈높이'로 표현된다.

5. 이웃들과 나누어 가진다 : 기회가 있는 대로 온갖 좋은 것들을 이웃과 나누라. 기회를 찾아 선한 행실의 모범이 되고 다른 가정에 영향을 미치라

6. 함께 자라 간다. 같은 취미를 개발하라 : 함께 읽을 책이 있고 함께 참여하는 공동작업이 있다면 더욱 좋다. 무엇보다 서로가 서로를 배워가라.

7. 규칙적인 대화를 나눈다 : 대화는 오해와 불신을 몰아내며 이해와 사랑을 증가시킨다. 설사 가벼운 농담이라도 개의치 말라.

8. 위기를 피하기보다 위기에 도전한다 : 위기와 갈등이 없기를 바라기보다 갈등과 위기를 극복할 지혜를 구하라. 이탈리아의 속담에 "하나님은 문을 닫으시되 창문은 열어두신다"는 말이 있다.

9. 여가를 같이한다 : 쉬는 시간을 마련하라. 오솔길을 산책하고 차를 마신다든지 가족들과 함께하는 한가로운 시간은 스트레스의 가장 좋은 해독제가 된다.

10. 가정의 중심을 하나님께 둔다 : 가정의 중심은 아버지나 어머니가 아니다. 자녀들은 더더구나 아니다. 하나님이 가정의 주인이 되시게 하라.

Q '행복한 가정 십계명' 중에서 몇 가지나 지키고 있나 요?

A '행복한 가정 십계명'을 다시 한 번 읽어 보고 부족한 부분을 정리해 봅시다.

STEP4
수용하기
Acceptance

봄이 오면 하얀 목련이 수줍은 듯 인사하고, 노란 개나리가 지친 마음을 물들이고, 분홍빛 벚꽃이 만개하여 꽃비로 내리는 시절이 지나고, 이젠 형형색색 철쭉이 고개를 내밀고 반갑게 인사합니다. 가만히 생각해보면 매년 똑같은 일상이지만 다시, 봄처럼 다가오는 느낌은 매년마다 색다릅니다. 봄이라는 계절은 많은 것을 사람들에게 전해줍니다.

가정의 달도 봄에 있지요. 가족을 다시 한 번 생각해봅니다. 가장 가까이에 있음에도, 가장 소홀해지기 쉬운 존재가 어쩌면 가족인 듯합니다. 가장 가까이 있는 사람들에게 사랑의 마음을 표현하면 좋겠습니다. 사랑한다는 말 한마디라도 좋습니다. 그 순간 가정을 만드신 하나님께서도 웃으실 것입니다.

우리가 알아야 할 것은 행복한 가정은 만들어지는 것이지, 그냥 주어지는 것이 아니라는 사실입니다. 행복한 가정을 만들기 위해 해야 할 일은 무엇일까요? 우선 사랑과 존중이 있어야겠지요. 사랑하지만 존중하지 않는 사람도 있고, 존중하지만 사랑하지 않는 사람도 있습니다. 자기중심적 사랑을 하기 때문에 상대방에게 상처를 쉽게 주는 경우는 존중이 없습니다. 또 상대방을 존중한 나머지 거리감이 느껴져서 사랑이 나타나지 않을 때도 있습니다.

그리고 상대방에 대한 이해가 있어야 합니다. 우리 교회는 5월 첫 주일 오후에 가족과 함께 예배하고 식사하는 시간을 갖도록 하고 있습니다. 이런 기회를 통해 가족 구성원 모두 함께하는 기회를 제공하고자 하는 것입니다. 이때 부모와 자녀 간에도 눈높이를 맞추는 노력이 요구됩니다. 부부간에도 서로에 대한 이해가 필요합니다.

또한 인내와 희생이 있어야 된다고 봅니다. 한 송이 꽃도, 한 알의 열매도 비와 바람과 번개를 겪고 이겨낸 결과입니다. 우리는 대체로 인내와 희생을 말하면 피해의식부터 먼저 떠오릅니다. "내가 그렇게 하는 동안 저 사람은 더 나빠지고 나를 이용하려 들 거야" 하는 생각 때문에 이 성품을 이루는 일을 계속 가져가지 못합니다. 세상에 좋은 것은 무엇이든지 인내와 희생이 요구됩니다.

한 가지 더 말한다면, 공감과 대화입니다. 상대방의 말에 공감해주고, 존중하고, 격려해주는 대화를 생활화한다면 행복한 가정이 완성된다고 말할 수 있습니다.

그런데 이 또한 쉽지 않습니다. 나와 상반된 의견을 말하면 참기는 하지만 얼굴에는 분노하는 표시가 역력하고, 때로는 '이때가 기회다' 판단하고 상대방을 공격하고 싶은 충동이 일어날 수도 있습니다. 왜냐하면 가족은 누구보다도 많은 대화를 나눌 수밖에 없으니까요.

우리가 여러 가지 행복한 가정을 만드는 이치를 알고 그럴 마음이 있어 행동에 옮긴다 하더라도 기대한 대로 안 될 수 있습니다. 이것이 인간입니다. 그래서 하나님의 도움이 필요합니다. 그리고 하나님이 우리 가정을 이끄시고, 우리 자신을 이끌어 주셔야 한다는 것과 우리가 그런 하나님을 모시고 살아야 한다는 것입니다. 내가 상대방에게 감동을 줄 수 있는 것도 하나님이 역사해주셔야 하고, 나는 나 자신도 아니고, 상대방도 아닌, 하나님을 섬김으로 그렇게 해야 한다는 점이 중요하다고 봅니다.

STEP5
삶으로 살아내기
Living with Life

가정의 행복은 만들어가야 합니다. 우리가 결혼한다고 행복이 저절로 이루어지는 것이 아니라 우리가 행복한 가정을 만들어야 합니다. 하나님이 만드신 최초의 기관은 가정입니다. 그러므로 가정은 하나님이 이끄셔야 합니다.

"여호와께서 집을 세우지 아니하시면 세우는 자의 수고가 헛되며 여호와께서 성을 지키지 아니하시면 파수꾼의 깨어 있음이 헛되도다."(시 127:1)

[행복한 가정을 위한 기도]
온 가족이 함께 모여 행복한 가정을 세우기 위한 기도문을 적어보고 함께 기도합시다.

5스텝 52주QT 21

선한말의 능력(the Power of Good Language)
상대를 세워주는 말

STEP1
말씀 읽기
Reading Bible

무릇 더러운 말은 너희 입 밖에도 내지 말고 오직 덕을 세우는
데 소용되는 대로 선한 말을 하여 듣는 자들에게 은혜를 끼치
게 하라(에베소서 4장 29절)

STEP2
마음 닿기
Mind-Touching

「폰더 씨의 위대한 하루」의 저자로 유명한 앤디 앤드루스
(Andy Andrews)의 신작 「수영장의 바닥」(홍익출판사, 2019)
에 나오는 내용입니다.

1968년 멕시코시티 올림픽 때, 미국의 육상 선수 '밥 비먼(Bob Beamon)' 은 올림
픽 멀리뛰기 종목에서 놀라운 기록을 세웠습니다. 당시 비먼의 기록은 8.90m였
습니다. 이것은 23년 전 세워진 세계 기록보다 무려 21.5cm나 앞선 기록이었습
니다.

미국 스포츠 매체 〈스포츠 일러스트레이티드〉는 비먼의 점프를 20세기 스포츠사
전체를 통틀어 가장 위대한 5가지 장면 중 하나로 선정했습니다. 이때 비먼
(Beamon)의 행동(eaque)에 대해 '상상을 뛰어넘는 위대한 업적' 이라는 뜻의 '비
머네스크' (Beamonesque)라는 신조어가 붙여지기도 했습니다.

그런데, 이후 비먼은 더 이상 새로운 기록을 세우지 못합니다. 이유는 새로운 기
록 경신에 대한 대중들의 의구심과 전문가들의 진단이 비먼에게 독이 되어, 그
스스로 '나는 할 수 없다' 는 포기의 닻을 내리게 했기 때문입니다. 마음의 날개를
접고 닻을 내리면 반드시 부정적인 결과가 기다립니다. 이렇게 하여 생기는 결과
를 '탄력 상실' 이라고 부릅니다. 탄력이 상실되면 마음의 근력을 빼앗기기 때문
에 작은 곤경이나 실패에도 쉽게 무릎을 꿇게 됩니다.

그런데, 밥 비먼(Bob Beamon)이 1969년에 세계 기록을 세울 수 있었던 이유는
무엇이었을까요? 다시 1968년으로 돌아가 봅시다. 당시 비먼은 올림픽 결선에
오를 정도의 실력은 있었지만, 금메달 유망주는 아니었다고 합니다.

불안감과 초조함 속에 서 있는 비먼을 향해 그의 동료였던 랄프 보스턴이 다가가
서 귓속말로 '어떤 이야기' 를 해주었다고 합니다. 당시 랄프 보스턴은 비먼에게
이렇게 이야기했다고 합니다. "망설이지 말고 공중으로 최대한 빨리 뛰어올라.

지금 너의 다리는 그 어느 때보다 강하고 이 순간 너의 몸은 깃털처럼 가벼우며 너의 마음엔 날개가 달려 있어. 비먼, 그것을 이용해 지금 힘껏 날아오르라고!" 그날 랄프 보스턴이 했던 이야기는 밥 비먼의 잠재력을 깨우는 마법 같은 주문이었다고 회자했습니다.

STEP3
돌아보기
Check-In

Q 나의 말은 상대방에게 힘이 되고 있나요?

A 혹시 나의 말이 상대방을 낙심하게 하지는 않는지 자신이 자주 쓰는 말을 되돌아보고 상대방에게 힘이 되고 좋은 영향을 줄 수 있는 말을 세 가지 정도 적어 보세요.

STEP4
수용하기
Acceptance

참으로 놀랍지 않습니까? 누군가가 해준 말을 통해 자신의 한계를 넘어 잠재력을 깨우게 하는 반면, 누군가의 목소리는 자신을 한계의 울타리에 가두어 버립니다. 주변의 기대와 평가에 갇혀 하나님께서 주신 능력을 온전히 발휘하지 못하며 살아가는 모습입니다.

신앙생활을 하면서 성도 간에 가장 큰 실수 또한 말의 실수일 것입니다. 사실 성도 간에 하는 대화를 주의 깊게 들어보면 잘못된 말은 없습니다. 다 바른 말과 옳은 말 같습니다. 하지만 그 말을 전하는 상황이나, 태도, 또는 상대방의 처지를 헤아리지 않고 행할 때 뜻하지 않은 난관에 부딪치게 됩니다. 나아가 부정적인 언어 표현은 상대방의 기분과 의욕마저 꺾게 만들기도 합니다. 선한 의도로 이야기했지만, 오히려 그 말의 올무에 걸려 신앙의 위기까지 닥치게 합니다.

우리나라의 속담에 "말 한마디에 천 냥 빚도 갚는다."라는 말이 있습니다. 이는 말 한마디의 중요성에 관한 것으로, 상황에 맞는 적절한 말이 관계뿐만 아니라 상황까지도 긍정적으로 이끌 수 있음을 주지시켜 줍니다. 경우에 합당한 말 곧, 바른 언어생활이 우리의 삶을 값지고 풍요롭게 만들어 줍니다. 그러기에 사도 바울도 에베소 교회에 향하여 다음과 같이 권면 합니다.

"무릇 더러운 말은 너희 입 밖에도 내지 말고 오직 덕을 세우는 데 소용되는 대로 선한 말을 하여 듣는 자들에게 은혜를 끼치게 하라"(엡 4:29)

이제 우리의 언어생활을 바꾸면 좋겠습니다. 상대방을 세워주는 선한 말을 통해 하나님께서 주신 귀한 일들을 하도록 격려와 힘이 되는 말을 하는 것은 어떨까요? 먼저 가정에서 시작합시다. 자녀들의 철없는 행동과 무책임한 태도에 화를 내거나, 부정적인 언어로 상처를 주기보다, 이해하고 사랑하는 언어로 성도를 대해 보는 것은 어떨까요? 부정적이고 좋지 않은 미래의 결과를 마치 당연하다는 듯이 말하는 부모의 태도보다, 사랑하는 자녀들의 기를 세워주고, 칭찬과 격려를 통해 하나님께서 주신 재능을 잘 발견하도록 선한 말을 하여 봅시다. 직장에서도 동일합니다. 직장동료들의 뒷담화나 비인격적인 언어 사용보다 소통하고 이해하는 언어를 통해 합력하여 선을 이루는 직장 공동체를 세워보시기 바랍니다.

STEP5
삶으로 살아내기
Living with Life

무엇보다 신앙 공동체 안에서 믿음의 지체들을 세우는 언어 생활을 합시다. 예전에도 말한 바 있는 새로운 방언을 기억하시기 바랍니다. 바로 '사랑합니다', '축복합니다', '고맙습니다'입니다. 믿음의 공동체 안에서 상대를 세워주는 귀한 말을 통해 하나님께서 세워주신 교회를 든든히 세워 나가는 저희가 되길 소망해 봅니다.

[선하고 긍정적인 말을 위한 기도문]

습관적으로 쓰는 언어가 하나님 보시기에 합당하고 사람들에게 힘이 되는 말이 되게 해 달라고 기도하면서 간단히 기도문으로 정리해 봅시다.

5스텝 52주QT 22

관계회복의 키(Key to Relationship Recovery)

관계의 형성은 함께 하는 것입니다

STEP1 말씀 읽기 Reading Bible

20 이에 일어나서 아버지께로 돌아가니라 아직도 거리가 먼데 아버지가 그를 보고 측은히 여겨 달려가 목을 안고 입을 맞추니 21 아들이 이르되 아버지 내가 하늘과 아버지께 죄를 지었사오니 지금부터는 아버지의 아들이라 일컬음을 감당하지 못하겠나이다 하나 22 아버지는 종들에게 이르되 제일 좋은 옷을 내어다가 입히고 손에 가락지를 끼우고 발에 신을 신기라 23 그리고 살진 송아지를 끌어다가 잡으라 우리가 먹고 즐기자 24 이 내 아들은 죽었다가 다시 살아났으며 내가 잃었다가 다시 얻었노라 하니 그들이 즐거워하더라(누가복음 15장 20-24절)

STEP2 마음 닿기 Mind-Touching

오스카상을 수상한 배우 '매튜 매커너히(Mathew McConaughey)'는 할리우드 스타가 되기 전에 주변 사람들에게 교회의 중요성을 강조하는 말을 자주 했습니다. "교회에 다닌다는 것이 당신이 일요일에 단 30분이나 한 시간 동안 보내는 의식에 지나지 않는다 해도, 기도하며 또 다른 이들에 대해 생각하는 일은 매우 중요하다"고 말했습니다.

하지만 그가 존 그리샴 원작의 1996년 영화' "타임 투 킬"의 주연을 맡으면서 상황이 달라졌습니다. 이 영화로 할리우드의 스타 덤에 올랐지만 하나님을 잊었습니다. 매커너히는 곧 스티븐 스필버그의 역사 드라마 '아미스타드'(1997), SF 드라마 '컨택트'(1997), 전쟁 영화' U-571'(2000), '웨딩 플래너'(2001), '10일 안에 차이는 법'(2003), '링컨 차를 타는 변호사'(2011) 등 영화에 출연하면서 주가를 올렸습니다. 매커너히는 '달라스 바이어스 클럽'에서 카우보이 역을 연기해 아카데미 시상식과 골든 글로브 시상식에서 상을 받았고, 배우로서 명성을 얻어 갔지만 하나님과는 점차 멀어졌고 드디어 교회에 나가는 것을 중단했습니다.

하지만 매커너히는 독실한 가톨릭 신자인 브라질 슈퍼모델 카밀리아 엘브스와 만나면서 또다시 변하기 시작했습니다. 그는 사랑에 빠졌고 얼마 되지 않아 그녀와 결혼했습니다. 매커너히는 결혼 서약을 하며 결혼반지에 "눈은 몸의 등불이니 그러므로 네 눈이 성하면 온 몸이 밝을 것이요"(마 6:22)을 새겼습니다. 47세 배우와 35세 된 그의 아내 사이엔 이제 하나님께서 주신 특별한 선물인 세 아이들—

비다(7세), 레비(6세), 리빙스턴(4세)-이 있습니다. 아이들이 생기자 매커너히는 교회로 돌아갔으며, 텍사스에 있는 교회에 다니고 있습니다.

그는 2014년 3월에 아카데미에서 남우주연상을 수상한 뒤 이렇게 연설을 했습니다. "우선 하나님께 감사드리고 싶습니다. 그분은 제가 우러러보는 분이시니까요. 이 기회는 제 손이나 다른 사람에 의해 얻은 게 아니고 하나님의 은혜로 얻은 선물로써 제 삶은 크게 축복받았습니다."

(출처: 다음 블로그 '예화세상 1314')

STEP3
돌아보기
Check-In

Q 나의 주변 사람과 나는 어떤 관계로 만들어 가고 있습니까?

A 이해와 용서를 통해 사람들은 관계가 회복되고 그것을 통해 더욱 돈독해질 수 있습니다. 그러나 그렇지 못한 경우도 허다합니다. 갈등의 가장 근본 원인은 개인의 관점으로 보기때문입니다. 내 가족들이나 가장 가까운 사람과 나의 관계의 기준이 무엇인지 고민하고 적 어 봅시다.

STEP4
수용하기
Acceptance

관계의 사전적인 의미는 '둘이나 그 이상의 사람들 사이에서 상호적으로 나누는 것'입니다. 유명한 심리학자 크리펜도르프(Krippendorf)는 '인간(人間)'이란 한자어를 풀이하면서 사람들은 다른 사람들(人)과의 사이(間)에 무엇인가로 채워나가는데, 그것이 그들 간의 관계를 형성한다고 말합니다. 즉 돈으로 서로 채운 사람들은 채무자와 채권자가 되고, 사랑으로 채운 사람들은 연인관계가 되며, 일로 채운 사람들은 고용주와 고용인의 관계가 됩니다. 여러분은 지금 무엇으로 주변 사람들과의 관계를 채우고 계십니까? '에릭번'(Eric Berne)이 주장한 'PAC이론'이라는 관계 유형 이론이 있습니다. 사람은 3가지 자아상태(Parent 어버이로써의 자아, adult 어른으로써의 자아, child 아이로써의 자아)를 가지고 있는데, 그 역시 3가지 자아상태를 가지고 있는 타인과 관계를 맺게 된다는 것입니다. 이 자아상태가 적절하게 균형 잡혀 있을 때에 대인관계가 원만하고, 그렇지 못할 때에는 관계가 원만치 못합니다. 예를 들어, 학교 선생님 같은 경우 학생들을 가르칠 때는 어버이의 특성이, 학생들과 어울릴 때에는 어린이의 특성이 나타나고 그들의 문제를 함께 들어주고 상담해줄 때는 어른의 성격이 나타나야 좋은 선생님으로서의 역할을 감당할 수 있습니다. 그러나 어느 한쪽 요소만 지나치게 강화된 사람은 병적인 인간관계를 형성하기 쉽다고 합니다.

누가복음 15장에 나타난 '돌아온 탕자' 이야기를 기억하실 겁니다. 둘째 아들이 아버지의 품을 떠났고 아버지께 받은 재산을 탕진했으며, 자신에게 주어진 인생의 기회를 창기들과 함께 보내면서 허비했습니다. 스스로 생각해도 자신은 하나님과 아버지께 죄인이었습니다. 그럼에도 불구하고 아버지는 초라한 모습으로, 자신에게 잊을 수 없는 상처를 준 아들을 향해 자신이 먼저 달려갑니다. 자신이 먼저 목을 안고 입을 맞추었습니다. 그의 과거를 묻지도 그를 향한 질책도 하지 않았습니다. 종들에게 가장 좋은 옷을 내어다가 입히라고 말합니다. 손에 가락지를 끼웠고 발에 신을 신겼습니다. 그를 위해 잔치를 베풀었습니다. 기억하십시오. 아버지가 먼저 달려가야 합니다. 아버지가 먼저 손을 내밀어야 합니다. 왜냐하면 아버지가 먼저 손 내밀지 못하면 아들은 또 떠나갈 수밖에 없습니다. 아버지에 대한 미안함과 죄책감 때문에 말입니다.

그런데 이 이야기에 두 가지 시각이 존재하고 있습니다. 첫째는, 돌아온 동생을 바라보는 형의 시각입니다. 그에게 동생은 아버지의 재산을 창기와 함께 날려버린 죄인이었습니다. 그의 시각은 철저하게 동생의 과거에만 초점이 맞추어졌습니다. 그러나 아버지의 시각은 달랐습니다. 그에게 아들은 죽었다가 살아온 자였고, 잃었다가 다시 찾은 소중하고 귀한 존재였습니다. 아버지에게 아들의 과거는 중요하지 않았습니다. 아들이 돌아왔다는 사실과 많은 죄를 짓고 왔지만 여전히 자신의 아들이라는 현재가 더 중요했습니다. 이것이 관계 회복을 위한 키(key)입니다. 과거가 아닌 현재를 보는 시각이 중요합니다.

STEP5
삶으로 살아내기
Living with Life

아버지가 아들에게 바라는 것은 아들이 자신을 위해 돈을 벌어주는 것도, 좋은 선물을 사주는 것도 아닙니다. 단지 그와 함께 있는 것 즉 관계를 형성하는 것이었습니다. 이것이 바로 하나님 아버지의 마음입니다.

[하나님과의 온전한 관계를 구하는 기도]

사람들과의 관계가 온전해 지기 위해서는 먼저 하나님과의 관계가 친밀히 개선되어야 합니다. 그렇게 될 때 우리의 관계는 더욱 온전해질 수 있습니다. 하나님과의 온전한 관계를 구하는 기도문을 간단히 적어 봅시다.

5스텝
52주QT **23**

성숙한 삶(Mature Life)

상대의 마음을 여는 열쇠, 바로 '솔직함' 입니다

STEP1
말씀 읽기
Reading Bible

아무 일에든지 다툼이나 허영으로 하지 말고 오직 겸손한 마음으로 각각 자기보다 남을 낫게 여기고 (빌립보서 2장 3절)

STEP2
마음 닿기
Mind-Touching

「디스턴스」(이동우, 2018: 엘도라도)라는 책에서는 사람과 사람 사이에 네 가지 공간이 존재한다고 말합니다. 바로 '친밀한 거리' · '개인적 거리' · '사회적 거리' · '공적 거리' 입니다.

먼저 '친밀한 거리'는 부모와 자식 사이나 연인 사이 같은 관계의 거리를 지칭합니다. 이 거리가 가능하려면 매우 친밀한 유대관계가 전제되어야 합니다. 그렇지 않은 사람이 이 거리로 들어오는 것은 불쾌감과 거부감을 야기하기 때문입니다.

두 번째로 '개인적 거리'입니다. 손을 뻗으면 닿을 수 있는 정도의 공간을 의미합니다. 친구 또는 가까운 지인끼리 유지하는 거리입니다. 이 공간에 있는 사람들은 어느 정도 격식과 비 격식을 넘나들며 관계를 맺습니다. 너무 가깝지도 않지만 너무 멀지도 않은 공간입니다.

세 번째는 '사회적 거리입니다. 사회적인 영역에 속하는 공간을 말합니다. 통상 업무상 미팅이나 인터뷰 등의 공식적인 상호작용을 할 때 필요한 거리입니다. 일반적으로 사회생활을 하면서 맺게 되는 수많은 관계가 사회적 거리라고 말할 수 있습니다. 그만큼 공식적인 거리라고 할 수 있습니다. 이 공간에서는 제삼자가 개입하더라도 부담을 느끼지 않습니다. 여러 명이 대화를 하다가 그중 몇 사람이 나가거나 새로운 몇 사람이 들어와도 서로 부담을 갖지 않는 거리입니다.

마지막으로 '공적 거리'입니다. 이 거리는 무대 위의 공연자와 객석의 관객처럼 떨어져 있는 거리를 말합니다. 보통 강의를 할 때 이 정도 거리를 둬야 마음이 편하며, 청중의 처지에서도 강의에 제대로 집중할 수 있습니다. 이러한 거리감은 온 · 오프라인 상에서 뿐만 아니라 비즈니스를 하는 당사자들 사이에서도 적용 가능합니다.

Q 어떤 거리가 자신에게 편안함을 주고 있는지, 자신은 적당한 거리를 상대와 유지하고 있는지 점검해 봅시다.

A 위의 네 가지 거리 중에서 자신에게 의미 있는 거리를 선택하고 왜 그런지 적어 봅시다.

STEP4
수용하기
Acceptance

여러분은 지금, 여러분의 가족들과 어느 정도의 거리를 두며 생활하고 계십니까?

「디스턴스」에서 저자가 가장 강조하고 집중하는 공간은 '개인적 거리'라고 합니다. 1미터 내외의 공간으로 정의되는 이 공간에서 이뤄지는 관계가 인생에서 매우 중요하기 때문입니다. 더불어, 사회에서 만나는 사람들끼리 개인적 거리를 갖는 게 쉬운 일은 아니지만 성공적인 인간관계를 맺으려면 물리적 혹은 심리적인 '개인적 거리'를 확보해야 한다고 강조합니다.

며칠 전에 우연히 〈공부가 머니〉(MBC)라는 예능 프로그램을 보게 되었습니다. 주로 연예인과 그 자녀들이 출연하여 자녀들을 관찰하고, 자녀의 진로에 대해 토론하며, 교육 전문가의 교육 솔루션을 제시하는 프로그램입니다. 무엇보다 과도한 사교육으로 인한 경제적 손실을 줄이거나, 새로운 공부방향을 제시하는 프로그램입니다.

그런데 제가 본 이 프로그램의 묘미는 '부모와 자녀들의 거리가 좁혀진다'는 데 있습니다. 사실 출연자들이 부모로서 자녀들의 공부에 관한 진실을 알게 되어 충격을 받고 눈물을 흘리는 모습을 종종 보게 됩니다. 단순한 자녀 교육에 대한 팁을 넘어 가족이 서로 보지 못하고, 이해하지 못한 거리를 좁히는 프로그램이지 않나 생각해보았습니다.

이 시대의 가정은 상대의 마음을 열 수 있는 '개인적 거리'를 확보하는 것이 필요하다는 생각이 듭니다. '개인적 거리'를 통해 솔직하고 상호적인 대화를 나누는 것이 중요합니다.

사람에게는 네 가지 심리적 공간이 존재합니다. 자신과 다른 사람이 모두 아는 '개방 구역', 다른 사람은 알지만 본인은 모르는 '맹목적 구역', 다른 사람에게 털어놓은 적 없는 '비밀 구역', 자신과 다른 사람 모두 알지 못하는 '미지 구역'입니다.

미국의 한 사회심리학자는 솔직하게 자신의 모습을 드러내는 정도와 마음의 창을 활짝 열 수 있는지에 따라 소통의 효과가 다르다고 말합니다. 솔직하고 성실한 것은 단점을 드러내지만, 쉽게 상대의 이해를 얻을 수 있습니다. 솔직하고 성실하게 사람을 대하고 개방 구역을 넓히면 기대한 교제 목적을 달성할 수 있게 됩니다. 그러기에 효과적인 교제를 하려면 최대한 개방 구역을 넓히고, 맹목적·비밀·미지의 세 구역은 축소해야 한다고 조언합니다.

개방 구역을 넓히고 자신을 솔직하게 드러내는 것은 효과적인 교제 기술입니다. 대인관계는 상호작용의 과정이라서, 자신이 개방하는 만큼 상대도 그만큼 개방하기 때문입니다. 그럴 때 긍정적인 피드백과 상대의 호감을 얻을 수 있을 것입니다.

STEP5
삶으로 살아내기
Living with Life

여러분의 가정이 더 친밀해지도록 가족 구성원 간의 거리를 '개인적 거리'로 좁히시기 바랍니다. 그리고 솔직하게 여러분의 마음의 창을 열어 서로를 이해하고, 인정하기부터 해 보시기 바랍니다. 공간적 거리뿐만 아니라, 시간적 거리도 좁혔으면 합니다. 한 울타리 안에 있으면서도 각자의 공간에 머물지 마시고, 같이 모여 웃음꽃을 피일 수 있는 시간을 세우시기 바랍니다. 하나님께서 주신 귀한 천국을 경험하게 될 것입니다.

[성숙한 삶을 위한 친밀한 거리를 요청하는 기도]

정직한 마음으로 가족들에게 다가간다면, 자신과 가족들이 서로 이해하고 인정할 수 있는 계기가 마련될 수 있습니다. 나의 부족한 부분을 먼저 하나님 앞에 정직하게 고백하는 기도문을 간단히 적어보고 기도합시다.

**5스텝
52주QT** **24**

24 세상 품기(World Embrace)

비통함을 끌어안고 그리스도의 정체성을 드러냅시다

STEP1
말씀 읽기
Reading Bible

하나님이 세상을 이처럼 사랑하사 독생자를 주셨으니 이는 그를 믿는 자마다 멸망하지 않고 영생을 얻게 하려 하심이라

(요한복음 3장 16절)

STEP2
마음 닿기
Mind-Touching

'빅토르 위고'가 쓴 유명 소설인 「레미제라블」에서 우리는 거룩한 사랑 이야기를 들을 수 있습니다. 19년간 형기를 마치고 출소한 주인공 '장발장(Jean Valjean)'은 사회의 냉대 속에 그 마음이 더욱 일그러져 갑니다.

미리엘 신부의 헌신적인 섬김으로 장발장은 비로소 편안한 밤을 보내게 됐지만, 이미 그 마음은 악으로 일그러져 있었습니다. 모두 잠든 깊은 밤 그는 은 접시를 훔쳐 달아납니다. 그러나 곧 체포되어서 다시금 사실을 확인하러 형사들과 함께 미리엘 신부님 댁을 방문합니다. 미리엘 신부는 장발장을 보자 "아니, 내가 선물로 준 은 접시만 가져가고, 왜 저 은촛대는 놔두고 간 거요?"라고 말합니다. 그리고 마지막으로 "잊지 마시오. 내가 준 물건들을 당신이 정직한 사람이 되기 위한 일에 쓰겠다고 약속했던 것을." 이 한마디가 장발장의 삶을 180도로 바꾸었습니다.

사랑은 경험입니다. 내가 사랑받고 있다는 것은 기적과 같은 체험입니다. 그렇지 않은 사람도 사랑을 받기만 하면 변합니다. 그래서 장발장은 그토록 집요하게 쫓아다니던 자베르 형사에게 사랑을 베풀 수 있게 되었습니다.

(출처: www.sunline.co.kr)

STEP3
돌아보기
Check-In

Q 나에게 사랑을 주었던 사람은 누구일까요? 그리고 내가 사랑을 준 사람은 누구인가요?

A 사랑을 받고 준 대상을 적어보고 그 사랑을 받을 때 느낌과 주었을 때 느낌이 어땠는지 적어 봅시다.

STEP4
수용하기
Acceptance

코로나-19의 급진적 확산으로 정부는 '사회적 거리두기'를 2.5단계로 격상시키며 국민들은 힘든 고통과 불편을 감내해야 할 상황이 되었습니다. 당장에 임대료를 낼 형편이 못되고 직원들 월급마저 줄 형편이 안 되는 영세 자영업자나 소상공인의 고통은 불 보듯 뻔합니다. 2.5단계에서는 노래방, 실내 공연장, 학원, 실내 체육 시설 등이 집합 금지되고 PC방·오락실·영화관·학원 등은 9시 이후 영업을 중단해야 합니다. 카페에서는 포장만 가능합니다. 50인 이상 모임은 모두 금지되며, 스포츠 경기도 무(無)관중으로 전환됩니다.

이러한 조치는 20명 이내로 모임을 제한해야 할 교회도 예외일 수 없게 되었습니다. 교회도 연말 행사와 내년도 준비를 위해 분주히 움직여야 하는데, 방역 제재로 또다시 멈춤의 시간을 가지게 되었습니다. 안타까운 것은 교회력에 따라 다시 오실 주님을 기다리는 대림절을 보내고, 이 땅에 평화의 왕으로 오실 아기 예수님을 맞이하는 성탄절을 앞두고 세상에 기쁨과 소망을 함께 나눌 수 없게 되었다는 점입니다.

최근 지인으로부터 인터넷에 떠돌고 있는 그림 하나를 전달받았습니다. 내용은 다음과 같습니다. "올해 산타는 1월 9일에 온대요. 12월 25일 새벽 도착 후 2주 격리하느라." 이 내용이 지금의 현실을 잘 반영해 주는 듯하여 마음이 씁쓸했습니다.

거리에는 성탄 조명과 장식으로 화려한데, 정작 행복해야 할 사람들은 보이지 않습니다. 힘들고 지쳐있는 어깨를 다독이며 위로해 주는 시간을 가져야 하는데, 모임을 추진하는 것 자체가 언감생심(焉敢生心)이 되었습니다.

올해는 코로나-19 확산으로 일상의 행복들을 많이 누리지 못하며 살아왔습니다. 방역 통제로 인해 사회적 거리만큼 마음의 거리도 멀어졌습니다. 반복되는 통제 정책으로 국민들은 '코로나 블루'(Corona Blue, 코로나-19로 인한 사회적 거리두기가 계속되면서 나타나는 우울 증상)에서 헤어 나오지 못하는 형국입니다. 일상에 큰 변화가 닥치면서 생긴 우울감이나 불안함, 무기력증 등의 증상은 삶에 대한 의욕을 갖지 못하게 합니다.

이러한 사태에 어떤 돌파구도 없고, 해결책도 보이지 않는 상황에서 우리는 무엇을 할 수 있을까요? 생계도 막막해지고, 관계도 깨어지고, 희망도 보이지 않는 암담한 현실 앞에 우리는 비통할 뿐입니다. '비통(悲痛)'의 사전적 의미를 보면 '상실감을 동반하는 고통'을 말합니다. 너무 슬퍼서 마음이 아픈 상태입니다. 그런데 지금은 비통함을 토로하는 것이 아니라, 오히려 비통함을 끌어안고 그리스도인의 정체성을 드러내야 할 때입니다. 코로나-19의 확산과 정부의 통제 방침에 대한 우리의 비통함이 세상의 요란한 소리와 다를 바가 없다면, 우리는 그리스도인으로의 정체성을 온전히 드러내지 못하는 것입니다.

우리 주님은 제자들에게 그리스도인의 역발상을 자주 말씀하셨습니다. 특별히 마태복음 5-7장의 말씀을 보면 세상의 논리와 방식을 뒤집어 생각하고, 응대하라고 말씀하십니다. 세상과 다른 방식으로 대처하며, 이 세상을 그리스도인으로서 살아내는 믿음을 강조하십니다. 주님의 방식은 가히 충격적입니다. 그리고 제자들 역시 이 길을 따라 걸으며, '믿음 있음'을 온전히 드러내는 증인의 삶을 살았습니다.

STEP5
삶으로 살아내기
Living with Life

이제 세상을 향한 비통함을 끌어안으며 기도의 자리를 세우는 여러분이 되시기 바랍니다. 세상을 향해 고함치기보다, 세상을 향한 긍휼한 마음을 주님께 올려드릴 때 우리 주님께서 회복시켜 주실 것입니다.

이제 세상을 향한 비통함에 요동치지 말고, 감사의 자리를 세우는 여러분이 되시기 바랍니다. 그럼에도 우리에게 주신 일상의 삶을 통해 하나님께 감사하며 나아간다면, 세상은 우리의 행동을 보고 놀라, 하나님을 바라보게 될 것입니다.

이제 세상을 향한 비통함에 움츠러들지 말고 이웃을 돌보는 자리로 나아가시기 바랍니다. 연말이 다가올수록 춥습니다. 코로나-19로 인해 온정도 식은 듯합니다. 하지만, 이럴 때일수록 그리스도의 사랑으로 외로운 이웃들을 찾아가, 성탄의 소망을 전하여 주시기 바랍니다.

비통함을 끌어안고 기도의 자리, 감사의 자리, 이웃을 돌보는 자리로 나아갈 때, 우리는 그리스도인으로서 정체성을 견고히 세우며 살아갈 수 있을 것입니다. 그리고 우리의 아름다운 자리를 통해 하나님이 드러나실 것입니다.

[세상을 품는 기도]
내가 지금 당장 할 수 있는, 세상을 사랑하는 구체적인 행동들을 위해 기도문을 적어봅시다.

5스텝 52주QT **25**

나라 사랑(Country Love)
나라 사랑의 마음

STEP1
말씀 읽기
Reading Bible

8 옛적에 주께서 주의 종 모세에게 명령하여 이르시되 만일 너희가 범죄하면 내가 너희를 여러 나라 가운데에 흩을 것이요 9 만일 내게로 돌아와 내 계명을 지켜 행하면 너희 쫓긴 자가 하늘 끝에 있을지라도 내가 거기서부터 그들을 모아 내 이름을 두려고 택한 곳에 돌아오게 하리라 하신 말씀을 이제 청하건대 기억하옵소서(느헤미야 1장 8-9절)

STEP2
마음 닿기
Mind-Touching

6월은 호국보훈의 달입니다. 호국은 '나라를 지킨다'는 뜻이고 보훈은 '공훈에 보답한다'는 뜻입니다. 그래서 '호국보훈의 달'은 나라의 존립과 유지를 위해 공헌하거나 희생한 국가유공자들을 예우하여 국민의 애국정신을 함양하는 기간입니다. 우리 성도들은 이 시대에 맞는 나라 사랑의 길이 무엇인지를 잘 살펴서 나라와 민족에 대한 참된 사랑을 실천할 수 있어야 합니다.

1936년 베를린 올림픽 마라톤 대회에서 1등과 3등을 차지한 대한민국의 두 젊은이가 슬픈 표정으로 시상대 위에 올랐습니다. 그들이 올림픽의 꽃이라 불리는 마라톤 경주에서 시상대에 올랐지만 슬픈 표정을 짓게 된 이유는, 나라를 빼앗기고 식민통치로 말미암아 일장기를 가슴에 달고 뛰었기 때문입니다. 그래서 영광의 시상대에 올라가서도 고개를 제대로 들지 못하고, 일장기가 부끄러워서 꽃다발로 가슴을 가리고 슬픈 표정으로 눈물을 흘려야 했습니다. 나라를 잃어버렸기 때문에 가장 기뻐해야 될 시상대가 기쁨보다는 슬픔을 주는 자리가 되고 말았던 것입니다.

양이 울타리 안에 있을 때에 목자의 보호를 받듯이 국민은 나라라는 든든한 울타리가 있어야 제대로 보호를 받고 평안한 삶을 누릴 수가 있습니다. 그러므로 우리 그리스도인들은 가정을 사랑하는 것처럼 교회를 사랑하고, 교회를 사랑하는 것처럼 나라를 사랑해야 합니다.

STEP3

돌아보기

Check-In

Q 나라 사랑이 무엇일까요?

A 자신의 자리에서 할 수 있는 나라 사랑의 작은 실천은 무엇일까요? 자신이 할 수 있는 나라 사랑을 구체적으로 서너 가지 정도로 정리해 봅시다.

STEP4

수용하기

Acceptance

성경에 나오는 위대한 신앙인들을 보면 다 애국자들이었습니다. 예수님도 식민지 나라의 백성으로 이 땅에 오셨습니다. 하나님의 아들이신 예수님도 나라와 상관없이 사신 것이 아니라 무너져가는 예루살렘을 바라보시면서 눈물을 흘리셨습니다. 뿐만 아니라 모세를 비롯해서 기드온, 사무엘, 다윗, 에스더, 느헤미야, 예레미야, 사도 바울 등 우리가 일일이 다 설명하기에는 시간이 부족할 정도로 성경에 보면 많은 애국자들이 소개되고 있습니다.

성경뿐만 아니라 역사적으로 봐도 위대한 신앙인들은 다 애국자들이었습니다. 독일의 정신적인 기초를 놓은 '마르틴 루터'도 그렇고, 스코틀랜드의 '존 녹스', 덴마크의 '그룬트비'와 같은 분들은 다 신앙인으로서 나라의 초석을 놓은 위대한 인물들입니다. 우리나라도 마찬가지입니다. 백범 김구 선생, 고당 조만식 선생, 도산 안창호 선생 등 이런 신앙의 선배들도 다 하나님을 사랑하고 나라를 내 몸처럼 아끼고 사랑했던 인물들이었습니다.

참된 기독교가 있는 곳에 이런 애국자들이 있었습니다. 지도자와 리더십의 모델을 제시할 때 자주 등장하는 성경인물은 '느헤미야'입니다. 느헤미야는 페르시아 왕의 '술 맡은 관원'이었습니다. 이는 고위 관직이었습니다. 그가 당시 외국인인 유대인의 신분이었던 것을 생각하면 참으로 대단한 일이었습니다. 그런데 그가 고향땅 예루살렘이 훼파되었다는 소식을 들었을 때, 몇 날 며칠을 울며 기도한 후에 결국 그 높은 고위 관리직의 자리를 버리고 예루살렘으로 떠나게 됩니다.

여기서 우리는 첫째로, 느헤미야의 역사의식과 민족의식을 발견할 수 있습니다. 나라가 어찌 되든 나만 편하면 된다고 생각하는 사람은 지도자가 될 수 없습니다. 느헤미야는 먼 이국땅에서 나라 없는 백성으로 타민족에게 능욕을 받고 있는 이스라엘 백성들과 무너진 예루살렘 성벽을 생각하며 몇 날 며칠을 울었습니다. 그 마음과 그 울음, 여기에서 느헤미야의 리더십이 시작되어 나오는 것입니다.

두 번째로 그는 문제 해결의 능력을 가진 지도자였습니다. 좋은 지도자는 문제의 원인과 문제의 해결책을 바르게 알고 있는 사람입니다. 느헤미야는 가장 먼저 하나님 앞에 회개하며 기도하였습니다. 느헤미야는 "(하나님께) 범죄 하면 흩으리라"(느 1:8)하신 하나님의 말씀을 기억하고 있었고, 또한 아울러 "회개하고 돌아서면, 너희가 땅 끝에 있더라도 반드시 붙들어서 다시 고향 땅에 돌아오게 하리라"(느 1:9)라고 하신 하나님의 약속을 기억하며, 회개하고 그 약속을 기억해 달라는 소망의 기도를 드리고 있는 것입니다.

세 번째는 성벽을 쌓고자 하는 느헤미야의 통찰력을 발견하게 됩니다. 느헤미야가 동생 하나니를 만났을 때 제일 먼저 물어본 것은 '예루살렘으로 포로 귀환된 사람들이 잘 살고 있냐'는 것이었습니다. 그런데 전해 들은 얘기는 '그 사람들이 거기서 다른 지역 사람들로부터 환란을 당하고 능욕을 당한다는 소식'(느 1:3)이었습니다. 그때 느헤미야는 다른 어떤 것 보다 무너졌던 성벽을 다시 쌓아야겠다고 마음을 먹었습니다. 그의 진단은 정확했습니다. 성벽이 무너지고 없으니까 적군들이 아무 때나 출입하면서 힘없는 이스라엘 백성들을 괴롭혔기 때문입니다. 느헤미야는 나라와 민족을 위해 자신이 무엇을 해야 할 것인지를 정확히 알았습니다.

STEP5
삶으로 살아내기
Living with Life

우리나라와 우리 민족, 한국교회에도 느헤미야와 같은 사람이 필요합니다. 교인 수 천 명의 수에 만족하기보다 그중 몇 사람이라도 느헤미야와 같은 사람이 나와야 할 것입니다. 자신의 만족을 위해 살지 않고, 자신의 편안함에 안주하지 않고, 나라와 민족의 어려움에 함께하며, 이웃과 고통당하는 자들과 함께 슬퍼하며, 몇 날 며칠을 기도하며 울 수 있는 그런 지도자, 그런 하나님의 사람들이 나와야 할 것입니다.

하나님께서는 오늘 말씀을 통하여 우리가 느헤미야와 같은 지도자들이 되기를 원하고 계십니다. 6월 호국보훈의 달을 보내면서 나라를 사랑하는 마음을 갖는 저와 여러분 되시기를 간절히 기도합니다.

[나라 사랑을 위한 기도문]

진정으로 나라를 사랑하는 길이 무엇인지 고민하며 기도문을 적고 기도합시다.

5스텝 52주QT 26

동성애와 그리스도인(Homosexuality and Christianity)

성경적 원리로 세상을 바라보아야 합니다

동성애: 가정, 교회, 국가를 무너뜨리는 전략

STEP1
말씀 읽기
Reading Bible

너는 여자와 동침함 같이 남자와 동침하지 말라 이는 가증한 일이니라(레위기 18장 22절)

STEP2
마음 닿기
Mind-Touching

최근 목회사역연구소에서 주관한 '동성애'에 관한 발표를 듣게 되었습니다. 발제자가 준비한 내용은 '동성애'를 통한 사회·정치 노선에 대한 이야기였는데, 이미 세속 법정에서는 동성애를 합법화하고 있음을 알게 되었습니다.

동성애(Homosexuality)를 단지 사회 문화적 현상으로 볼 것인가, 아니면 정치적 이해를 통한 노선으로 볼 것인가에 대한 다양한 논의들이 있었습니다. 하지만, 우리에게 가장 중요한 것은 이를 성경적 원리로 보는 것입니다. 성경을 보면 "너는 여자와 동침함 같이 남자와 동침하지 말라 이는 가증한 일이니라"(레 18:22)고 말씀합니다. 동성애는 하나님의 창조의 원리에 대한 역행이며, 나아가 생육하고 번성하라는 하나님의 말씀에 위배되는 행위임을 기억해야 합니다(롬 1:26-27). 그리고 성경은 동성애가 순리를 역리로 바꾸는 행위이기에 죄로 다스리라고 말씀합니다.

STEP3
돌아보기
Check-In

Q 동성애를 바라보는 자신의 시각은 무엇일까요?

A 동성애를 죄악과 질병 사이에서 어떤 시각으로 바라보는지 중요합니다. 정직하게 그들을 바라보는 시각을 간단히 정리해 봅시다.

STEP4
수용하기
Acceptance

동성애와 관련하여 사탄 숭배자라고 불리는 '엘리스 베일리 (1880-1949)'가 가정, 교회, 그리고 국가를 무너뜨리기 위한

전략으로 65년 전에 쓴 '10가지 전략'이 주목을 받고 있습니다. 그 내용을 살펴보면,

① 교육 시스템으로부터 하나님과 기도를 제거하라
② 아동들에 대한 부모의 권위를 축소시켜라
③ 기독교적 가정 구조를 파괴하라
④ 낙태를 합법화하고 용이하게 하라
⑤ 이혼을 쉽게 만들고 합법화하라
⑥ 동성애를 대체 생활방식으로 만들라
⑦ 예술의 품격을 떨어뜨려라. "미친 예술"이 되게 하라
⑧ 미디어를 활용하여 反기독교적 가치를 선전하고 인간의 사고방식을 바꿔라
⑨ 종교통합운동을 일으켜라
⑩ 각국 정부가 이러한 내용을 법제화하게 하고, 교회가 이런 변화들을 추인하게 만들라

엘리스가 언급한 '10가지 전략'을 살펴보면, 오늘날 서구 각국의 의회와 정부가 추진하는 정책과 거의 흡사하다는 것을 알 수 있습니다. 엘리스가 수립한 이 전략의 핵심은 사회 각 분야에서 기독교의 하나님을 추방하여 성경적 가치를 말살하고 건전한 가정을 파괴하며 음란과 퇴폐를 널리 퍼뜨려 국가와 사회를 타락시키는 것이었습니다.

참으로 무서운 사탄의 전략이지 않습니까? 우리가 눈에 보이는 것만 익숙하다보니 하나님의 창조의 질서가 무너지는 것에 무감각해진 것은 아닌가 싶습니다. 어느 순간 우리도 하나님의 말씀을 우리의 상황에 대입하여 적당히 타협하려 하는 모습이지 않습니까? 특별히 세상이 하나님의 말씀에 위배되는 행위들에 대해 인정할 때, 우리도 거기에 순응하는 모습을 보입니다. 대세를 따르는 것이 옳은 행위인 듯 말입니다.

이제 우리의 패러다임을 바꾸어야 하겠습니다. 더욱이 교회는 하나님의 말씀이라는 성경의 원리를 가지고 하나님이 창조하신 세상에 하나님의 나라를 세우는 사명이 있습니다. 그러기에 예수 그리스도를 구주로 고백하는 믿음 위에 세워진 교회가 성경적 원리로 세상의 문제를 지적하고, 교정하는 것은 교회의 마땅한 사역입니다.

기독교는 분명합니다. 죄는 미워하되, 하나님의 형상으로 지음 받은 사람은 미워하지 않습니다. 동성애는 분명 죄입니다. 그러나 동성애를 행하는 자들에 대해 우리는 긍휼한 마음으로 대합니다. 나아가, 잘못된 신드롬이나 트렌드로 하나님의 창조 질서를 어지럽히고, 파괴하고자 하는 전략에 대해 우리는 성경적 원리에 따라 바르게 되돌려야 합니다.

성경은 우리에게 분명히 말합니다. 하나님의 형상을 따라 남자와 여자를 창조하신 하나님의 결혼에 대한 첫 번째 명령인 창세기 2장 24절에서 "이러므로 남자가 부모를 떠나 그의 아내와 합하여 둘이 한 몸을 이룰지니라"라고 말씀합니다. 본문의 '남자'와 '여자'로 번역된 히브리어는 각각 '남자'와 '여자'를 뜻할 뿐, 어떤 경우에도 '남자와 남자' 혹은 '여자와 여자'로 해석될 수 없습니다.

우리는 세상의 여론과 판결보다, 우리의 이성과 지성이 하나님의 말씀으로 받아들인 성경 말씀이 있습니다. 주님께서 먼저 우리에게 찾아오셔서 우리의 이성과 지성 속에 새겨주신 하나님의 말씀을 더 존중하는 그리스도인임을 결코 잊어서는 안 될 것입니다.

[동성애자를 위한 기도]

동성애는 그 행위 자체가 죄악입니다. 그러나 그들을 긍휼히 여기고 품을 수 있는 자세도 필요합니다. 그들이 주님 앞으로 온전히 돌아올 수 있도록 간단한 기도문을 적어보고 기도합시다.

III

성장의 정원

가꾸시는 따스한 손길을 느끼며

5스텝
52주QT
27

축복의 통로(a Passage of Blessing)

은혜를 유통하는 사람이 됩시다

STEP1
말씀 읽기
Reading Bible

내가 행한 모든 일을 내게 말한 사람을 와서 보라 이는 그리스도가 아니냐 하니(요한복음 4장 29절)

STEP2
마음 닿기
Mind-Touching

도시의 중심가에서 작은 식당을 운영하는 최 집사가 새해를 맞아 결단하고 30여 년 동안 열어왔던 식당에 '주일은 쉽니다' 란 표지를 내걸었습니다. 이제 비로소 나와 내 집은 여호와만 섬긴다는 신앙고백을 할 수 있어 기쁘다고 합니다. 지난 주일엔 종업원 10명을 교회에 등록시켰습니다. 주일에 예배드리는 것을 그날 근무하는 것으로 인정해주었습니다. 종업원들의 기쁨이 얼마나 컸을까요.

"목사님으로부터 주일을 잘 지키라는 설교를 듣고 두 가지가 가슴에 꽂혔습니다.

첫째는, 잘 사는 것도 좋지만 잘 믿는 것도 중요하다는 것입니다.

둘째는, 주일에 문을 닫으면 상대적으로 안 믿는 사람이 장사가 잘 되니 이 또한 큰 기쁨이라는 것입니다.

두 가지 깨달음으로 인해 제 삶이 달라졌어요."

주일성수가 가져다준 복입니다. 사람은 변해야합니다. 그 변화의 순간이 바로 복된 삶의 시초입니다.

(출처: 다음 카페 '주님의 시선')

STEP3
돌아보기
Check-In

Q 말씀에 대한 결단을 통해 주변 사람에게 선한 영향력을 끼친 적이 있나요?

A 말씀의 실천을 통해 선한 영향력을 끼친 경험을 적어봅시다. 없다면 자신의 어떤 모습이 주변에 선한 영향력을 끼칠 수 있을지 생각해보고 세 가지 정도 기록해 봅시다.

성경을 읽고, 독서를 하면 정말 좋은 글들이 많은 것을 발견하게 됩니다. 이렇게 좋은 글들을 읽다가 보면 우리 주변에서 일어나는 일들에 대한 새로운 깨달음이 많이 일어납니다. 그리고 그 깨달음을 저 혼자 간직하기에는 가슴이 너무 벅차기도 합니다. 오늘 목양실에서 조용히 묵상하다가 목사로 산다는 것은 글을 떠날 수 없는 삶이라는 것을 새삼스럽게 다시금 느껴봅니다. 그래서 비록 좋은 글을 창조하는 능력은 내게 없어도 좋은 글을 유통하는 사람이 되리라 마음먹어 봅니다. 그러므로 이번 주에는 미국의 복음주의 학자이자 목사인 찰스 스윈돌(Charles R. Swindoll)의 『교회의 각성』(The Church Awakening)이라는 책의 한 부분을 소개합니다.

[자동차 안에서 사용하는 GPS [내비게이션]도 마찬가지다. 나는 내 트럭에 장착된 GPS를 사랑한다. 나는 어느 사이 그것에 의존해서 길을 찾게 되었다. 가고자 하는 곳의 주소만 입력하면 알아서 안내해 주는 데에다가 빠른 길도 알아서 찾아 준다. 모든 경로가 눈앞에 제시되고, 더구나 "잠시 후 우회전합니다." 하면서 친절하게 방향까지 알려 준다. 때로 "길을 잃으셨습니다. 참 바보 같군요! 거기까지 가지 말라고 제가 네 번이나 말씀드렸는데요."라고 말을 할 것 같다. 그러나 GPS는 절대 화를 내는 법이 없이 내가 길을 잘 못 들어도 친절하게 '재탐색' 해서 명확하게 경로를 제시해 준다.

성경은 우리의 영적인 GPS다. '하나님의 위치 확인 시스템' 이라고 부를 수 있다. 살다 보면 어떤 성경 구절이 떠올라 당신을 가던 길에서 멈춰 세울 때가 있을 것이다. 마치 하나님이 이렇게 말씀하시는 듯하다. "얘야, 나는 네 주의를 끌려고 애쓰고 있다. 이쪽으로 돌아라. 방향을 바꾸어라 내가 이끄는 대로 따라오길 바란다." 그런 적이 있는가? 나는 분명히 있다. 솔직히 말하면 하나님은 내 인생에서 여러 번 '재탐색' 하셨다. 그리고 내가 그분의 말씀을 따라 갔을 때는 결코 길을 잃지 않았다. 길을 잃은 것 같은 느낌은 들었지만 길을 잃지는 않았다. 단 한 번도.]

교회는 하나님의 말씀 위에 세워져서 그 말씀이 인도하는 대로 살아가는 공동체입니다. 아무리 세상이 변해도, 절대로 변할 수 없는 진리를 말하는 곳이 교회입니다.

이 세상에서 하나님께서 바라시는 성도의 삶은 무엇일까요? 하나님은 주님의 은혜와 섭리를 믿는 하나님의 자녀들은 그분의 인도하심도 믿으라고 하십니다. 주님은 내비게이션보다 더 정확하게, 그리고 더 좋은 길로 우리를 인도하시는 선한 목자라는 사실을 믿는 성도는 미래에 대한 걱정, 의식주에 대한 불안과 염려를 모두 하나님께 맡길 수 있습니다. 그리고 그 위에 모든 것을 더하시는 하나님을 만나게 될 것입니다. 요한복음 4장에서 예수님을 만나 은혜를 깨달은 사마리아 여인은 물동이를 버려두고 동네로 들어가서 사람들에게 "내가 행한 모든 일을 내게 말한 사람을 와서 보라 이는 그리스도가 아니냐 하니"(요 4:29)고 외치며 은혜를 전하고, 흘려보내었습니다. 이 여인뿐만 아니라, 베드로와 야고보와 요한과 바울 등 성경에 나오는 하나님의 사람들은 하나님의 은혜를 경험하고 그 은혜를 전하는 '은혜를 유통하는 사람들'이었습니다.

'은혜를 유통하는 사람'이란 자신이 받은 은혜를 막힘없이 흘려보내어 다른 이들에게도 은혜가 통하게 하는 사람입니다. 또는 물품이나 화폐처럼 은혜가 세상에서 널리 쓰이게 공급하고 흘려보내는 사람입니다. 사실 하나님의 은혜는 물품이나 화폐와는 비교할 수 없는 놀라운 가치를 가지고 있습니다. 한 번 사용하면 사라지는 세상의 물품이나 화폐와 달리 은혜는 무한한 샘이신 하나님으로부터 솟아나고, 또한 그 은혜가 닿는 곳에서는 사람이 살아납니다.

STEP5
삶으로 살아내기
Living with Life

부족하지만 저도 칼럼을 통해서 제가 좋은 글들을 통해서 받은 은혜를 유통할 것입니다. 그리고 모든 성도께서도 예배를 통해 하나님을 깊이 만나시고 그 은혜를 유통하는 사람으로 살아가시기를 바라고 축복합니다. 은혜를 받고 은혜를 유통하는 사람은 "하나님 앞에서 신실함으로 부끄러움이 없고, 이웃 앞에서 진실함으로 거리낌이 없고, 나 자신에게 성실함으로 후회가 없습니다."

[축복의 통로가 되는 기도]

내가 할 수 있는 사소한 일들, 특히 주님의 말씀에 따르는 행동이 다른 사람들에게 축복의 통로가 될 수 있도록 간구하는 기도문을 간단히 적어 봅시다.

5스텝
52주QT
28

다음세대를 위해 기도합시다(Let's pray for the next generation)

여름사역의 큰 그림

STEP1
말씀 읽기
Reading Bible

예수는 지혜와 키가 자라가며 하나님과 사람에게 더욱 사랑스러워 가시더라(누가복음 2장 52절)

STEP2
마음 닿기
Mind-Touching

세계적으로 유명한 오페라 가수인 할버톤이 어느 날 어린 아들과 친구들의 대화를 엿들었습니다. 한 소년이 아들에게 이런 자랑을 했습니다. "우리 아버지는 이 도시의 시장님과 아주 친하단다" 그때 아들은 조금도 망설이지 않고 자연스럽게 대꾸합니다. "그래? 우리 아버지는 이 세상을 창조하신 하나님과 친하지" 할버튼은 아들의 말을 듣는 순간 너무 감격해 왈칵 눈물을 쏟았습니다. 어린 시절에 신앙을 심어주는 것이 얼마나 소중한 것인지를 그때 비로소 깨달았던 것입니다.

갓난아기는 하루에 평균 300번씩 웃습니다. 아이의 얼굴에서 웃음이 사라지면 그 1차적 책임은 부모에게 있습니다. 어린이는 하늘이 부모에게 잠시 맡겨준 선물입니다. 어린이는 소유의 대상이 아닙니다. 만약 이 선물을 훼손하면 나중에 주인으로부터 큰 책망을 듣습니다. 어린이는 아직도 하나님이 인간을 포기하지 않고 있다는 강력한 메시지입니다. (출처: 네이버 블로그 '한나')

STEP3
돌아보기
Check-In

Q 자녀. 손(또는 친구나 동생)들을 위해 영적인 도움을 주고 있는지 점검해 봅시다.

A 나의 자녀(또는 친구나 동생)들에 대해서 얼마나 알고 있나요? 그들이 지금 관심 가지고 있는 부분이 무엇인지 생각하고 정리해 보고 그것이 신앙에 도움이 되는지 체크하고 적어 봅시다.

무더운 여름이 다가왔습니다. 모두가 땀 흘리며 시원한 곳을 찾는 한 여름이지만 우리 교사들은 반대로 땀 흘리는 헌신의 자리로 나가는 계절입니다. 어린이 전도의 황금어장, 여름성경학교를 준비하는 교회학교의 움직임이 빨라지고 있습니다. 전국 곳곳에서 열리는 교사강습회가 이미 끝난 곳이 많고, 교회마다 색다르고 알찬 프로그램 마련에 고심하고 있습니다.

지금 우리의 미래는 아이들과 청소년들이 어떻게 성숙해야 하는가에 달려 있습니다. 따라서 신체적으로 건강하고 정신적으로 성숙하며 사람들을 돌보고 하나님을 공경하는 전인격적인 성숙이 우리 교회교육의 책임이라면 이번 여름 또한 중요한 기회가 될 것입니다.

수련회는 공동체 안에서 자신을 발견하고 하나님과 교제함으로 그리스도를 개인의 구주로 영접하고, 수련회를 통해 받은 은혜의 말씀을 생활 가운데 적용하며 살도록 영적, 정서적, 육체적으로 모든 것을 교육하고 훈련시키는 전인교육의 장입니다(눅 2:52).

이러한 수련회의 목적은 불신자나 초신자에게는 예수 그리스도를 영접할 수 있는 기회를 제공하고, 믿는 자들에게는 영적 도전과 헌신의 기회 및 훈련의 장을 만들어 주는 데 있다고 할 것입니다. 좀 더 구체적으로 분류해 보면 대략 네 가지 면으로 나눌 수 있습니다.

1) 육체적 목적

물질문명의 발달로 인해 어릴 적부터 불균형하게 성장해가는 아이들을 봅니다. 그런 아이들의 육체를 자연과 공동체 속에서 균형 잡히게 함으로써 건강한 정신적, 육체적 생활로 동기를 부여를 하는 데 의미가 있습니다.

2) 정신적 목적

우리 사회를 좌우하는 듯 보이는 과학문명, 스피드 시대, 합리적 사고방식 등의 문화 속에서 잊기 쉬운 정서적, 정신적 건강을 회복하게 합니다. 그리고 그리스도와의 참된 교제를 통해, 지체들과의 마음과 마음을 묶는 인격적 깊은 교제를 도와줍니다. 한편 가족으로부터 떨어져 독립적인 정신과 자세를 기르도록 유도해 줍니다.

3) 사회적 목적

이기주의, 물질주의, 개인주의로 찌든 사고를 버리고 그곳에 함께 모인 타인을 생각하여 협동하고 봉사하려는 마음을 채워 넣어 줍니다. 더불어 사회적 책임감을 고취시키고 준법정신과 올바른 예의범절, 타인의 인격을 존중하는 등의 훈련을 행하므로 공동체 속에서 자신을 발견하도록 돕습니다.

무엇보다도 그리스도 안에 있는 한 지체로서 올바른 인격적 교제를 통하여 그리스도 자녀로서의 우애와 사랑을 돈독케 하고, 성령 안에서 하나 되어 협력하는 공동체를 느끼게 하는 데 목적이 있습니다.

4) 영적 목적

크리스천들의 수련회는 일반 사회단체들의 캠프와는 달리 영적 목적을 가장 중요시합니다. 그러기에 모든 프로그램들이 영적인 목표를 위하여 진행되고 준비되어야 합니다. 사실, 수련회의 목적이나 운영 자체도 이러한 영적 중요성 때문이라 할 수 있습니다. 그러므로 교회는 수련회를 통하여 그리스도를 개인의 구주로 모시지 못한 사람들에게는 믿음 안에서 승리의 생활과 헌신의 삶을 살아갈 수 있도록 도와줍니다. 또 크리스천들이 모여 함께 말씀 안에서 생활하며 말씀을 구체적으로 실생활에 적용할 수 있도록 도와주는데 그 목적이 있습니다.

STEP5
삶으로 살아내기
Living with Life

이렇게 여름 성경학교(수련회)를 잘 준비하면 실제적인 필요를 채워줄 수 있습니다. 그리스도를 개인의 구주로 만나지 못한 사람이 예수님을 자신의 구주로 고백하고 영접하도록 복음을 제시하고 중생을 체험할 수 있도록 삶으로 도움을 줄 수 있습니다. 크리스천의 공동체 생활을 통하여 자신의 모습을 공동체 속에 진솔하게 투영하며, 자신의 부족을 발견하여 수정해 나갑니다. 그리고 지도자의 모습과 교우관계, 인격적 교제를 통하여 말씀을 생활에 적용할 수 있도록 도와줍니다. 다채로운 학습체험을 통해 그리스도인으로서 모범된 생활을 할 수 있도록 특별한 기회를 제공하여 수련회가 가정생활에 그대로 연장될 수 있도록 큰 그림을 그려봅니다.

[하계 수련회와 성경학교를 위한 기도문]
각 교회학교에서 제시한 기도문을 가지고 구체적으로 기도해 봅시다.

5스텝 52주QT 29

꿈꾸는 인생(Dream Life)
식물에게는 빛, 사람에게는 꿈!

STEP1
말씀 읽기
Reading Bible

그 후에 내가 내 영을 만민에게 부어 주리니 너희 자녀들이 장래 일을 말할 것이며 너희 늙은이는 꿈을 꾸며 너희 젊은이는 이상을 볼 것이며(요엘 2장 28절)

STEP2
마음 닿기
Mind-Touching

'사랑의 돌봄은 기적을 만든다' 라는 자전적 이야기를 쓴 김수지라는 분이 계십니다. 우리나라 최초의 미 보스턴 대학 간호학 박사 1호이며 이화여대, 연세대에서 간호대 학장으로 계셨고 한국의 나이팅게일이라 불리는 분입니다. 이분이 간호사가 된 것은 일곱 살 때의 경험 때문이었습니다. 여수 출신으로 가난한 가정에서 나이 어린 동생을 챙겨야 하는 삶을 살았습니다. 어머니 없이 위로받을 수 있는 유일한 곳이 교회였습니다. 날마다 교회에 가서 노는 게 전부였던 때였습니다. 7살 되던 해 여순사건이 일어났고 동네 주민들 5-60명씩이 학교 교실에 수용되었을 때 같이 잡혔습니다. 그리고 공무원과 크리스천들을 끌어내어 운동장에서 학살하는 것을 보게 되었습니다. 그런데 죽지 않고 살아있는 어떤 사람이 눈에 띄었습니다. 교실 안에서는 저 사람 데리고 와야 한다. 안 된다. 데려오다가 들키면 우리 다 죽는다. 찬반 이야기가 많았는데 결국 그분을 데리고 와 눈에 띄지 않도록 보호했습니다. 그런데 그 방에 있던 한 아주머니가 피를 지혈하고 밤새도록 돌보았고 새벽에 그분의 의식이 돌아왔습니다. 그때 7살 어린아이가 궁금해서 아주머니에게 묻습니다. "아주머니는 뭐 하는 분이세요?" 이 아주머니는 이렇게 말했습니다. "나는 간호사야" 7살 소녀는 처음으로 간호사라는 말을 들었고, 나도 간호사가 되어야겠다. 그리고 그 꿈이 이 분의 인생을 끌고 갔습니다.

세상의 꿈도 한 사람을 새롭게 하고 이끄는데, 하물며 우리 인생의 근원 문제이자 방향이고 가장 중요한 삶의 마지막 목적지에 대한 꿈, 하나님의 꿈을 우리가 갖게 된다면 어떻게 될까요? 이 땅은 과정이고 궁극적인 목적지로 가야 하는 것을 알게 되면 우리의 인생은 새롭게 할 수밖에 없습니다. 그 꿈이 우리의 인생을 지키는 것이 되고, 회복시키는 힘이 됩니다.

(출처: 네이버 블로그 '느헤미야')

Q 자신의 꿈을 이루었나요? 아직도 꿈이 있나요?

A 꿈은 무엇이 되는 것이 아니고 무엇을 이루어 가는 과정이라고 합니다. 아직도 꿈을 이루 지 못했다면 어떤 모습으로 꿈을 이루어 갈지 꿈과 그것을 이어가는 과정을 간략히 적어 봅시다.

요즘 20~30대들이 살고 있는 현실을 지칭하는 말입니다. 경제도 어렵고 취직도 어렵고 결혼도 어려워 내일에 대한 꿈을 꾸기 어려운 시대에 살면서 3중고를 겪고 있는 이 시대의 자화상이기도 합니다. 문제는 현실 장벽 앞에서 많은 사람들이 상대적 박탈감을 느낀다는 것입니다. 심지어 젊은이들은 내일에 대한 꿈을 갖지 못하고 지옥고에서 살고 있다는 것입니다.

우리는 인생의 여정 위에서 길을 잃고 어둠 속에 갇힌 듯 한 느낌을 갖게 됩니다. 사람이 희망을 잃으면 삶은 시들고 어두워집니다. 그래서 어려울수록 사람에게 필요한 것은 꿈이요 희망입니다. 오늘 아침 내가 만난 지옥고에 사는 젊은이들과 이 땅의 아픔을 가슴에 안고 산책을 하는데 이 숲 맞은편으로 하루의 해가 떠오릅니다. 부챗살처럼 퍼지던 햇살은 순식간에 이 숲을 빛으로 채워놓습니다. 아직 그 이름을 다 알지 못한 새들이 더 맑게 지저귀기 시작합니다. 들 풀 위에 내린 이슬방울들은 햇살을 머금으며 구슬 같은 빛을 발합니다. 이슬방울들은 하늘로 여행을 떠나려는 참입니다. 이 순간 주변을 감싸고 있던 어둠 속의 고요와 평화, 혹은 외로움과 두려움이 일거에 사라집니다. 아아, 아침을 열어주는 저 햇살은 얼마나 찬란한 구원인가?라고 경탄하게 됩니다. 나를 비롯한 숲 속의 생명체들의 삶에 태양은 얼마나 위대한 존재인지 모릅니다.

식물에게 빛이 절대자이듯, 인간에게도 빛은 또 다른 의미에서 절대자입니다. 식물이 태양을 향함으로써 살아갈 수 있는 근본적인 힘을 얻듯이 빛은 인간이 인간으로 살아갈 수 있게 하는 가장 강력한 힘이 됩니다. 인간이 자기실현하기 위해 견지하는 빛, 그 빛을 우리는 꿈이라 부릅니다. 꿈을 갖는다는 것은, 그것이 아무리 작은 꿈일지라도 강력합니다.

식물은 지구로 유입되는 태양에너지의 0.2퍼센트만으로 잎을 틔우고 꽃을 피우고 열매를 맺습니다. 마찬가지로 꿈은 우리 마음의 0.2퍼센트에 불과한 작은 자리를 차지할지라도, 우리의 심장을 뛰게 하고 우리를 고난에 맞서게 하는 근원적인 힘이 됩니다. 꿈이 없는 사람은 사실 살아 있으되 살아 있지 못한 것과 다를 바 없습니다. 꿈을 상실한 사람은 어둠에 갇힌 사람이고 목적 없이 하루하루를 보내는 사람이며 길을 잃고 헤매는 사람입니다. 우리가 꿈을 찾아 결코 놓지 말아야 하는 이유가 여기에 있습니다.

저도 20대 초에 그렇게 내 삶의 빛을 잃었던 적이 있습니다. 하루의 삶은 늘 바빴고, 이러저러한 사회적 관계는 현란했으며 '외양은 고왔으나, 내 영혼은 참 초라하구나' 느꼈던 적이 있습니다. 내가 아닌 내가 하루하루를 숨 가쁘게 살아내고 있을 뿐이었습니다. 더 많은 성공의 사다리를 올라가야 한다는 과제가 그 시절 삶의 전부였던 것 같습니다. 내리쬐는 햇살은 가득한데 내 영혼에는 한 가닥의 햇살도 닿지 못했습니다. 내 내면의 깊은 곳에 닿아있는 나다운 꿈은 사라지고 사회를 지배하는 자본적 가치에 대한 나의 열망만이 나를 깊숙이 좀먹었기 때문입니다. 몇 년 뒤 감사하게도 나는 그 어둠으로부터 빠져나올 수 있었습니다. 새로운 꿈을 모색하면서 가능한 일이었습니다.

STEP5
삶으로 살아내기
Living with Life

겪어보니 꿈을 품고 산다는 것은 참 좋은 일입니다. 그래서 모두들 자기를 닮은 꿈 하나를 깊이 간직하고 살아가기를 권합니다. 식물들에게는 과한 꿈이 없습니다. 나무와 들풀은 오로지 자신을 꽃피우려는 꿈, 그래서 어떻게든 열매를 맺는 것으로 자신이 이 세상에 존재하게 된 이유를 증명하려 합니다. 나무는 숲을 모두 지배하려는 욕심을 품지 않습니다. 들풀은 제자리가 아닌 곳을 탐하지 않습니다. 우리가 갖는 꿈도 그렇게 나무를 닮아서, 들풀을 닮아서 과하지 않았으면 좋겠습니다. 오로지 자기다움에서 시작하면 좋겠습니다. 생명체에게 꿈이란 하늘 한 자락을 마음껏 바라볼 수 있는 자신만의 공간을 찾는 것임을 우리 모두 알았으면 좋겠습니다.

[요셉 같은 꿈 꾸는 자가 되길 간청하는 기도]
꿈은 나이와 성별과 외적 조건과 관계가 없습니다. 지금도 하나님의 꿈을 이룰 수 있습니다. 거룩한 꿈을 꾸며 그것을 이루어 가는 삶이 되도록 인도해 달라는 기도문을 적어 봅시다.

5스텝
52주QT **30**

사랑의 동행(Love Companion)
끊을 수 없는 사랑

말씀 읽기
Reading Bible

17 자녀이면 또한 상속자 곧 하나님의 상속자요 그리스도와 함께 한 상속자니 우리가 그와 함께 영광을 받기 위하여 고난도 함께 받아야 할 것이니라 18 생각하건대 현재의 고난은 장차 우리에게 나타날 영광과 비교할 수 없도다(로마서 8장 17-18절)

STEP2
마음 닿기
Mind-Touching

아프리카 속담에 '빨리 가려면 혼자 가고, 멀리 가려면 함께 가라' 말이 있습니다. 혼자보다는 무리와 조화를 이루면서 상생(Win-Win)하는 삶을 권장하는 이 가르침은 오늘날 우리가 살고 있는 시대에 딱 들어맞는 논리입니다. 이러한 공생(共生)의 아름다움을 극명하게 보여주는 대표적인 사례를 우리는 철새들의 세계에서 찾아볼 수 있습니다. 그중에서도 기러기는 우리들에게 많은 것을 시사합니다.

기러기들이 얻는 힘은 물리적으로 71%되는 부력만은 아니라고 합니다. 한 마리의 기러기가 잠시 감각을 잃고 대오를 벗어나면 잃어버린 부력으로 인해 즉시 힘이 떨어지는 것을 느끼기 때문에, 앞을 나는 새의 부력을 받기 위해 대오로 되돌아오는 것입니다. 새들의 V자 형태 행진의 가장 앞에서 날고 있는 새가 방향을 잡고 대오를 이끄는 리더입니다. 그런데 그 새는 앞에서 만들어주는 부력이 없으므로 쉽게 지치기 마련입니다. 맨 앞의 새가 지치면 맨 뒤로 가고 자연스럽게 한 줄씩 자리를 바꾸어 리더 역할을 하면서 비행을 계속합니다. 또 맨 앞에서 나는 새의 속도가 조금씩 떨어지면, 그에게 격려를 해주고 경각심을 불러주기 위해서 '꺼억 꺼억' 소리를 낸다고 합니다. 새들이 이처럼 항상 무리 지어 다니는 것은 혼자가 아니라는 안정감으로 인해 혼자 날 때보다 70%가량 더 오래 날 수 있기 때문입니다.

더 흥미로운 것은 이 기러기들이 사용하는 언어에는 언제나 긍정과 응원의 힘이 서려 있다는 점입니다. "그래, 잘하고 있어. 조금만 더 가면 되니까, 힘내! 네 옆엔 우리가 있잖아." 이처럼 그들은 서로를 격려하고 배려하면서 살아간다고 합니다. 새들에게서 발견되는 또 하나의 놀라운 일은 어느 한 마리가 아프거나 상처를 입게 되어 대오에서 떨어져 나가게 되면 다른 두 마리가 그 새를 따라 함께 내려앉

는다는 점입니다. 낙오된 그 동료를 도와주고 보호해 주기 위해서입니다. 그래서 그 새가 다시 날 수 있게 되거나 죽을 때까지 그들은 함께 머물러 준다고 합니다. 그 기간이 빠르면 원래의 대오로 따라붙게 되지만, 기간이 늦어지면 다른 대오를 만나 합류하게 됩니다. 이렇듯 철새들은 혼자 날아서는 불가능한 일을 그룹을 지어 함께 날면서 공동의 힘을 극대화함으로써 자신들의 목적지에 도달하는 것입니다.

STEP3
돌아보기
Check-In

Q 함께 하는 지체들에게 힘과 격려를 주고 있는지 스스로 점검해 보자.

A 가족, 직장동료, 교회 지체들에 대해 격려하고 힘을 주는 말은 무엇인지 적어보고 실천해 보자.

STEP4
수용하기
Acceptance

우리 신앙생활에도 이런 격려와 자극과 협력이 필요하기는 마찬가지입니다. 목회는 혼자 할 수 없습니다. 장로님, 권사님, 집사님, 청년들 모든 성도들의 협력이 필요합니다. 물론 하나님만 바라보고 의지하고 나아갈 것입니다. 오직 목양일념으로 주님만 사랑하고, 한 영혼 한 영혼을 사랑하며 지역을 섬기며 건강한 교회를 세워 나아갈 것입니다.

그럼에도 불구하고 나 혼자 빨리 가지 않고, 주님보다 앞서지 않고, 성도님들과 함께 가고 싶습니다. 그리고 많은 축하 화분이 왔는데, 아름다운 꽃처럼, 꽃향기를 나타내는 목회를 하고자 합니다. 우리 서로 칭찬하며, 격려하며, 지지해주며, 공감하며, 교회 공동체를 함께 세워 가고 싶습니다.

썬다씽 이야기입니다. 눈이 엄청나게 많이 온 어느 날 썬다씽은 전도하기 위하여 험악한 산길을 혼자 걷고 있었습니다. 길이 보이지 않았습니다. 산 넘어 동네로 복음을 전하러 가는 썬다씽의 발걸음은 사명의 발걸음이었습니다. 그때 산길에서 마침 모르는 이를 만나 친구 삼아 같이 가게 되었습니다. 의지가 되었습니다. 가다 보니 한 사람이 눈길을 걷다가 지쳐서 쓰러져 있었습니다. 썬다씽이 말했습니다.

"우리 이 사람을 업고 가십시다."

그 사람이 말했습니다.

"내 몸 하나 가기도 힘든 데 이 사람을 업고 가다가는 같이 죽어요."

그리고 거절하였습니다.

썬다씽은 그가 거절한다고 죽어 가는 사람을 죽게 할 수는 없었습니다. 전도자 양심에 죽는 사람을 그대로 둘 수 없었습니다. 그래서 가다가 같이 죽더라도 업고 가기로 결심하였습니다. 그 사람을 등에 업었습니다. 천근만근이었습니다. 온몸에 진땀이 흘렀습니다. 한참을 걸었습니다. 지쳐서 같이 죽을 것만 같았습니다. 그런데 등에 업힌 사람은 얼었던 몸이 녹기 시작하였습니다. 썬다씽의 몸이 뜨거워졌기 때문입니다.

그러자 서서히 의식이 돌아오기 시작하였습니다. 가다 쉬고, 쉬다가 갔습니다. 드디어 등에 업히지 않고 같이 걷게 되었습니다. 이젠 둘이 친구가 되었습니다. 한참 가다 보니 어떤 한 사람이 길거리 쓰러져 있었습니다. 얼굴을 들쳐 보니 빨리 가겠다며 혼자 가던 그 사람이었습니다. 이미 얼어 죽어 있었습니다. 추워서 얼어 죽은 것이었습니다. 빨리 가려면 혼자 가고 멀리 가려면 같이 가야 합니다. 우리는 어떻게 살아야 하겠습니까?

STEP5
삶으로 살아내기
Living with Life

"자녀이면 또한 상속자 곧 하나님의 상속자요 그리스도와 함께 한 상속자니 우리가 그와 함께 영광을 받기 위하여 고난도 함께 받아야 할 것이니라 생각하건대 현재의 고난은 장차 우리에게 나타날 영광과 비교할 수 없도다"(롬 8:17-18)

위의 말씀을 다시 한번 천천히 정독해 봅시다. 그리고 느낀 점을 적어 봅시다.

[교회 안에 동역자들을 축복하는 기도문]

함께 하는 공동체로 부르신 교회에 목회자와 많은 동역자들을 축복하는 기도문을 간단히 적고 낭송해 봅시다.

5스텝
52주QT **31**

첫 사랑(First Love)
늘 처음처럼

STEP1
말씀 읽기
Reading Bible

4 그러나 너를 책망할 것이 있나니 너의 처음 사랑을 버렸느니라 5 그러므로 어디서 떨어졌는지를 생각하고 회개하여 처음 행위를 가지라 만일 그리하지 아니하고 회개하지 아니하면 내가 네게 가서 네 촛대를 그 자리에서 옮기리라(요한계시록 2장 4-5절)

STEP2
마음 닿기
Mind-Touching

하나님을 향한 우리의 사랑은 부부간의 사랑과 유사합니다. 하나님을 처음 알게 되면 아주 행복합니다. 하나님과의 관계에서도 신혼 초기와 같은 기간이 있습니다. 이 기간에는 하나님을 사랑하는 것이 아주 쉽고 자연스럽습니다.

매일 아침이면 기도를 통해 그분을 만나고 그분의 말씀을 연구하고 싶은 마음이 듭니다. 어디를 가든지 우리는 그분의 임재를 의식합니다. 그러나 그 후 여러 해가 흐르는 동안 우리의 감격은 사라집니다. 하나님을 처음 알았을 때의 기쁨은 서서히 사라지고, 결국 우리는 자신도 모르는 사이에 첫사랑에서 떠나 있습니다. 결혼 생활에서도 이런 일은 일어날 수 있습니다. 그러나 아내와 저는 우리의 첫사랑을 되살릴 때 과거의 우리 사랑의 정열이 되살아나는 것을 느낍니다. 우리가 당시의 정열과 창조적 노력과 즐거움을 다시 살려내려고 애쓸 때 우리의 사랑이 소생함을 느꼈습니다. 우리는 흔히 새로울 것이 없는 무미건조한 습관에 빠져서 생활합니다. 그러나 하나님과 우리 사이의 관계나 이웃과 우리 사이의 관계가 무미건조한 상태에 빠지기를 원하는 사람은 없을 것입니다. 그러므로 우리에게는 새롭고 참신한 열정이 필요합니다. 이렇게 할 수 있는 좋은 방법은 우리가 경험했던 아름다운 과거를 되살리는 것입니다. 그러므로 우리는 멈추고 기억하고 되살려야 합니다.

(출처: 빌 브라이트, 「처음 사랑」)

돌아보기
Check-In

Q 하나님에 대한 나의 첫 사랑과 지금의 사랑에 대해 돌아봅시다.

A 다시 회복해야 할 하나님과의 첫 사랑은 구체적으로 어떤 것인지 세 가지 정도 적어 봅시다.

STEP4

수용하기
Acceptance

저는 매일 아침 산행을 선택한 적이 있었습니다. 그 이유는 건강을 유지하고 초심을 지키기 위해서였습니다. 산이야 말로 있는 그대로의 자신을 보여주는 거울과 같습니다. 산행의 기본은 자기가 출발했던 자리를 확인하는 것이며, 그곳이 자기가 돌아와야 할 자리임을 잊지 않는 것입니다. 그리고 산행에서 돌아올 때마다 늘 나 자신이 출발했던 자리에서 어떻게 얼마나 길을 벗어나 살아왔는가를 자성도 해봅니다.

우리들이 인생을 살아가면서 초심을 잃지 않는 것은 매우 중요합니다. 저 자신도 항상 초심을 잃지 않으려고 애를 쓰고 있습니다. 우리들은 초심을 잃어버린 순간 변합니다. 본질에서 이탈합니다. 헛된 생각에 사로잡힙니다. 혹시 신앙생활하면서 내 안에 기쁨과 감사가 메말라 있습니까? 나의 교만한 모습이 드러나고 있습니까? 예배의 기쁨과 감격이 사라지고 있습니까? 주님을 처음 만났던 은혜의 자리로 나아가십시오. 나에게 베풀어 주신 놀라운 은혜를 다시 한번 경험해 보십시오. 하나님의 은혜를 경험한 사람은 오직 예수 그리스도께 집중합니다. 삶의 중심이 예수 그리스도이십니다. 은혜를 망각하는 순간 우리의 삶의 초점이 흐려집니다. 은혜를 잃어버리는 순간 우리는 헛된 것에 집착합니다.

15세기 이태리 화가 레오나르도 다빈치가 42세 때 밀라노의 로드비치 공이 와서 예수의 최후의 만찬 모습을 그려달라고 요청했습니다. 그래서 다빈치는 혼신을 다해서 그림을 그렸습니다. 예수를 중심에 놓고 제자들을 좌우로 여섯 사람 씩 배열했습니다. 그림이 완성되자 친구에게 평가해 달라고 부탁했습니다. 친구가 그림을 보더니 아주 감탄했습니다. 제자들을 예수님 좌우로 잘 배치했고 훌륭한 작품이라고 평가했습니다. 그러면서 무엇보다도 예수님 손에 든 은잔이 가장 아름답다고 칭찬했습니다.

그 말을 듣는 순간 다빈치의 얼굴이 하얗게 변해버렸습니다. 그리고 붓으로 그림을 X자로 그어버렸습니다. 이에 놀란 친구가 "왜 아깝게 그림을 망쳐놓느냐"라고 반문했습니다. 그때 이 다빈치가 이렇게 말합니다. "이 그림은 예수가 중심이 되어야 하는데 중심이 은잔이 되어버렸으니 실패작이다. 폐기 처분할 수밖에 없다."

예수님을 삶의 중심에 모시고 사는 사람은 행복합니다. 어떤 상황에서도 자신감을 가지고 두려움 없이 삽니다. 그런데 예수님이 중심이 아니고 은잔이 중심이 되면 불행해집니다. 오늘날 많은 사람들이 예수님을 믿는다고 하면서도 재물의 은잔, 명예의 은잔, 욕심의 은잔을 바라봅니다. 그 은잔에 자신의 야망을 채우려고 몸부림칩니다. 결국 예수님은 엑스트라가 되고 나 자신이 삶의 주인공이 되고 맙니다. 이것이 바로 예수님을 떠난 자의 비극이요 불행입니다.

여러분! 나를 불러주신 은혜의 자리, 초심으로 되돌아가십시오. 그리고 오직 예수님 중심으로 삶을 재조정하십시오. 예수님이 내 삶의 중심에 계신 자는 행복합니다. 언제나 승리의 깃발을 흔들 수 있습니다.

복음 앞에서 변화되지 않을 것만 같았던 사람이 변화됩니다. 이것이 복음의 능력입니다. 그러므로 예수 그리스도의 복음의 능력을 단단히 붙잡으십시오. 복음과 세상 사이에서 양다리를 걸치고 머뭇거리지 마십시오.

야구선수들이 가장 큰 부상을 입는 경우가 있습니다. 야구 방망이를 약하게 잡는 것입니다. 야구 방망이를 약하게 잡고 공을 치면 손이 울립니다. 그러면 관절이 끊어지거나 돌이킬 수 없는 중상을 입습니다. 그래서 느슨하게 잡았다가도 공을 치는 순간 꼭 잡고 쳐야 합니다.

신앙생활도 마찬가집니다. 복음의 능력을 믿고, 예수님을 단단히 붙잡으면 인생의 홈런을 칠 수 있습니다. 그러나 적당히 붙잡고 있으면 영광의 상처만 남습니다. 복음의 능력을 붙잡고 달려가는 것, 그것이 바로 승리하는 인생의 비결입니다. 건강한 성도, 건강한 교회로 거듭나는 비결입니다.

STEP5
삶으로 살아내기
Living with Life

오늘 우리에게 주신 건강과 좋은 환경을 후회하는 인생으로 만들지 마십시오. 주어진 삶 속에서 최선을 다하여 주님을 바라보고 나가십시오. 내가 주님을 처음 만났을 때의 기쁨과 감격의 초심을 기억하십시오. 늘 처음처럼 주님의 은혜를 기억하며 복음의 본질을 붙잡으십시오. 복음의 능력을 회복하십시오. 그리고 복음을 전하는 아름다운 발걸음이 되시길 바랍니다.

[첫 사랑 회복을 위한 기도]
하나님과의 잃어버린 첫사랑을 회복하길 구하며 기도문을 적고 기도해 봅시다.

5스텝 52주QT 32

말씀의 은혜(Bible Grace)

시편을 통해 은혜 주신 하나님

STEP1
말씀 읽기
Reading Bible

1 복 있는 사람은 악인들의 꾀를 따르지 아니하며 죄인들의 길에 서지 아니하며 오만한 자들의 자리에 앉지 아니하고 2 오직 여호와의 율법을 즐거워하여 그의 율법을 주야로 묵상하는도다(시편 1편 1-2절)

STEP2
마음 닿기
Mind-Touching

러시아의 작가 톨스토이는 어렸을 때 신앙생활을 했지만 10대 때 신앙을 떠나 55세가 되었을 때 돌아왔습니다. [신앙론]이란 글에서 이렇게 고백하였습니다.

"나의 지나간 55년간 살아오는 동안 내 인생 최초의 15년간의 소년기를 제외하고 나는 안식을 경험하지 못했다. 안식을 알지 못하고 살아왔다. 내가 18세 되던 때, 한 친구가 찾아와 신이 인간을 만든 것이 아니라 인간이 신을 만들었다고 나를 설득했다. 나는 그 말이 진리라고 생각했다. 그래서 나는 어렸을 때의 종교, 가족의 종교인 기독교를 떠나기로 결심했다. 나는 종교를 포기하는 것이 자유를 얻는 길이라고 생각했다. 나는 심지어 종교는 속박이라고 생각했다. 그러나 내 나이 55세, 이제 나는 내가 버린 어머니의 품과 같은 신앙의 품으로 돌아온다. 나는 종교로 돌아온 것이 아니다. 나는 예수 그리스도에게로 돌아왔다. 그리고 예수 안에서 나는 다시 참된 안식을 발견했다."

STEP3
돌아보기
Check-In

Q 평소에 가장 힘이 되고 사랑하는 말씀을 생각해 봅시다.

A 힘이 되고 사랑하는 말씀을 적어 봅시다. 그리고 그 이유도 함께 기록해 봅시다.

예수님을 바로 믿어야 합니다. 예수님은 우리 안에 살아계십니다. 살아계신 예수님, 그 예수님을 믿어야 합니다. 이것이 매주 수요일마다 시편 강해를 시작하는 제 마음의 갈망입니다. 처음 시편 강해를 시작할 때 제 마음은 부담스럽기도 하고 흥분되기도 했습니다.

처음 시도하는 성경이고, 또 너무 많은 분량이기에 부담스럽기도 하지만 제 마음과 영은 알 수 없는 흥분으로 가득했습니다. 지난 5개월 동안 하나님께서는 계속 시편을 강해할 마음을 강하게 주셨습니다.

저에게는 하나님과의 친밀한 교제에 대한 갈망이 계속 커져갑니다. 사실 하나님과의 친밀한 교제는 예수님을 믿는 모든 사람에게 주어진 복입니다. 우리 안에 성령 하나님이 오신 것입니다. 그러나 많은 사람이 받은 은혜를 누리지 못하고 있습니다. 그것은 주변에서 하나님과 친밀히 교제하며 사는 이들을 많이 보지 못하기 때문입니다. 저도 그랬습니다. 그래서 늘 기도합니다.

"하나님과 친밀히 교제하는 사람을 만나게 해 주세요. 책으로라도 만나게 해 주세요." 그런데 가장 좋은 책이 시편이었습니다. 시편을 기록한 이들은 그저 하나님을 믿는 사람들이 아니었습니다. 하나님을 인격적으로 알고 사랑하고 친밀히 교제하였던 사람들입니다. 그래서 하나님께서 시편을 강해하게 하신 것이라 깨달아졌습니다. 저는 시편 강해를 통하여 하나님과의 친밀한 교제를 생생하게 재현해 보고 싶습니다. 매주 시편 말씀을 듣고 행복해하는 성도들의 모습과 간증을 들으면서 더욱 감사하게 되었습니다. 개인적으로 하나님께 감사드릴 수 있는 많은 이유 중, 우리에게 시편 말씀을 주신 것이 얼마나 감격스러운지 모르겠습니다.

150개의 시편으로 편집된 이 말씀 안에는 여러 모습의 기도와 찬양이 담겨 있습니다. 극심한 위험과 두려움 속에서 부르짖는 기도, 깊은 절망 가운데 읊조리는 간구, 위기 가운데서 만난 하나님으로 인해 새로 결단하는 믿음, 주님의 영원한 사랑과 인자하심을 발견하고 올려 드리는 기쁨의 찬양, 이 모든 것이 시편 안에서 발견할 수 있는 말씀입니다. 저는 때때로 어떻게 기도해야 할지 모를 때 시편의 말씀을 보며 기도합니다. 제 안에 아직 정리되지 않은 감정이 남아 있을 때에는 시편의 말씀으로 찬양을 올려드리며 주님의 위로를 받습니다.

"성경을 어떻게 읽을 것인가"를 집필한 미국 성서학자 고든 피와 더글라스 스튜어트는 시편에는 두 가지 본질적인 목적이 담겨있다고 합니다.

첫째는 우리 자신을 있는 그대로 하나님께 표현하는 것입니다. 자신의 감정을 포장해서 하나님께 표현하는 것보다 우리의 속마음을 그대로 드러내는 것을 하나님은 기뻐하십니다. 그래서 시편에는 기자들의 회의와 실망, 질문과 혼란이 그대로 표출되고 있는 것입니다.

둘째는 우리로 하여금 하나님이 하시는 일을 다시 묵상하게 하는 것입니다. 우리의 생각과는 다른 하나님의 생각을 깊이 상고하게 하며, 우리가 바라는 길과는 다른 길을 제시하시는 하나님의 섭리를 새롭게 묵상하게 합니다. 그래서 시편 말씀 중에서 "나를 살피사 내 마음을 아시며 나를 시험하사 내 뜻을 아옵소서"(시 139:23)라고 간구하고 있으며, 또한 "나를 영원한 길로 인도하소서"(시 139:24)라고 기도하고 있는 것입니다.

우리가 시편을 읽을 때 소리 내어 읽는 것이 도움이 됩니다. 우리가 기도할 때나 찬양할 때 소리를 내는 것처럼 말입니다. 시편의 모든 말씀은 언젠가 우리 믿음의 선조들의 입을 통해 하나님께 올려 드렸던 기도이며 찬양입니다. 그때 그들에게 도움이 되었던 시편은 오늘날 우리에게도 힘이 되고 은혜가 될 것입니다. 우리의 신앙은 항상 견고할 수 없습니다. 삶의 많은 우여곡절이 있기 때문입니다. 그러나 시편의 말씀은 우리로 하여금 생명의 길에서 떠나지 않도록 우리를 붙잡아 줄 것입니다. 그리고 시편을 쓴 저자들의 상황을 상상하면서 읽는 것이 도움이 됩니다. 보통 시편 앞부분에는 그 시편이 쓰인 배경이 설명되어 있습니다. 그리고 그 배경은 성경의 역사서 부분에서 더욱 자세히 알아볼 수 있습니다.

STEP5
삶으로 살아내기
Living with Life

각 시편의 배경을 상상하면서 읽을 때 우리는 저자의 간절함을 더욱 알게 될 것이고, 그 간절함은 곧 우리의 간절함과 연결되는 것을 체험하게 될 것입니다. 이스라엘 백성들의 경우에는 시편의 말씀을 가지고 예배를 드렸습니다. 하나님과 깊이 연결시켜주는 말씀이었기 때문입니다. 우리의 모든 상황 가운데서 우리를 아시고 우리를 도우시는 하나님은 우리의 모든 경배를 받으시기 합당하신 분입니다. 앞으로도 시편 강해를 통해서 뿐 아니라 개인적으로 더 읽게 될 시편 말씀을 통해 우리의 기도와 찬양이 더욱 하나님께 기쁨이 되기를 바랍니다. 할렐루야!

[말씀, 시편으로 주시는 은혜를 구하는 기도]
주님의 말씀이 꿀처럼 달아, 힘이 되고 능력이 되게 해 달라고 기도문으로 적어 봅시다.
또는 시편 말씀 중에 가장 은혜 되는 구절을 기도 형식으로 적어 봅시다.

**5스텝
52주QT (33)**

관용(Tolerance)

작은 배려 "오아시스"

**STEP1
말씀 읽기
Reading Bible**

너희 관용을 모든 사람에게 알게 하라 주께서 가까우시니라
(빌립보서 4장 5절)

**STEP2
마음 닿기
Mind-Touching**

이안 맥라렌(Ian MacLaren)으로 잘 알려져 있는 존 왓슨 목사가 처음으로 목회를 시작했을 때 일입니다. 그는 원고 없이 설교하기로 마음먹었습니다. 그래서 간단한 메모만을 적은 종이 한 장을 들고 강단에 서게 되었습니다. 그러나 중간에 말할 내용이 떠오르질 않아 여러 번 당황하게 되었고 그럴 때면 "여러분, 이 부분이 잘 생각나지 않는군요. 지난 토요일, 설교 준비를 할 때는 분명했었는데... 자, 다시 하겠습니다."라고 말하곤 했습니다. 그런데도 교인들은 초조해하거나 짜증 내는 일이 전혀 없었습니다. 어느 날, 주일예배가 끝났을 때였습니다. 바싹 마르고 나이가 꽤 든 어떤 교인이 그에게 다가와 말했습니다.

"목사님, 앞으로 설교 내용이 잘 기억나지 않을 땐 우리에게 찬송가를 한 곡 지정해 주십시오. 목사님이 설교에 대해 생각하는 동안 저희들은 찬송을 부를게요. 저희 모두는 목사님을 사랑하고 목사님을 위해 기도한답니다."

그로부터 오랜 세월이 흐른 뒤 왓슨 목사는 다음과 같이 말했습니다.

"오늘날, 내가 이렇게 목회자로 설 수 있었던 것은 그때 그 시골 교인들이 보여 주었던 자비심과 온정 때문이었다. 그들이야말로 진정한 신자며 기독교인이었다."

관용의 모습은 아름다운 것입니다.

(출처: 생명의 삶)

**STEP3
돌아보기
Check-In**

Q 관용을 베푼 적이 있나요?

A 관용을 베푼 적이 있다면 적어보고, 그것이 자신에게 주는 감동은 무엇인가요? 또는 관용을 받아 누린 적이 있다면 적어보고, 그것이 주는 감동 또한 적어 봅시다.

최근 서울은 낮 동안 연속적으로 사람 체온보다 높은 39도를 나타냈습니다. 밤더위도 더 심해지면서 연일 29도가 넘는 초열대야 수준으로 많이 덥습니다. 이렇게 밤낮으로 견디기 힘든 더위가 계속되면서 많은 사람들이 체력적으로 제법 힘든 시간을 보내고 있습니다. 며칠 전 저녁 식사를 마치고 날씨도 덥고 운동도 할 겸 해서 집 근처 한강에 갔습니다. 초저녁인데 이미 많은 사람들이 모여서 더위를 피하고 있는 모습을 보게 되었습니다. 한강에서 불어오는 시원한 바람이 얼마나 상쾌하던지, 사람들이 많이 모인 이유가 있다고 생각했습니다.

무더운 날씨에 열대야까지 겹치면서 저녁에 밖으로 나오는 사람이 많은데, 조심해야 할 것이 있습니다. 어느 신문에 보니까 '열대야 꼴불견'이라는 기사가 실렸는데, 이런 것이었습니다. 첫째, 러닝셔츠 바람으로 나온 중년 남성들이 돗자리를 펴고 앉아서 술판을 벌이다가, 술에 취해서 큰 소리로 떠들고 담배꽁초와 술병을 아무 데나 마구 버리는 것. 둘째, 젊은이들이 텐트 형 모기장까지 가지고 와서 잔디밭 위에 펼쳐놓고 서로 끌어안거나 과도한 스킨십을 하는 것. 셋째, 불쾌지수가 높아지면서 사소한 일로 싸우는 것. 며칠 전에 실제로 술을 마시던 한 남자가 부채질을 하다가 그 부채가 옆 사람에 닿았다고 해서 서로 치고받고 싸움이 벌어졌다고 합니다. 그리고 아무 곳에나 주차를 해서 사람들의 통행을 방해하는 것 등입니다.

내가 더위 짜증이 난다 하더라도 나로 인해서 다른 사람이 짜증 나지 않도록 서로 배려하는 마음을 가져야 합니다. 남을 배려하면 나 자신도 즐거울 뿐만 아니라, 그 배려의 혜택을 받는 사람 역시 마음에 기쁨을 얻을 수 있습니다. 그러면 무더위로 인해서 짜증 나는 때에 마음은 시원함을 느끼게 됩니다.

문득 이양하의 수필 〈신록예찬〉의 한 구절이 생각납니다. "또 사람이란 모든 결점이 있음에도 불구하고, 역시 가장 아름다운 존재의 하나라고 생각한다. 그리고 또, 사람으로서도 아름다운 사람이 되려면 반드시 사람 사이에 살고, 사람 사이에서 울고 웃고 부대껴야 한다고 생각한다." 사람이 서로 부대끼며 사는 것이 참 행복이 아닐까요? 더불어 사는 삶이 우리 삶을 윤택하게 해 주고 참 행복을 느끼게 해 주는 삶이 아닐까요? 무더운 여름 나의 입장과 내 생각만 하는 게 아니라, 상대를 먼저 생각하고 더불어 행복을 추구하고 배려할 줄 아는 사람이 되고 싶습니다.

참고로 무더운 날일수록 물을 자주 마셔야 하고, 햇볕이 강한 시간대에는 바깥활동을 되도록 줄이는 게 좋다고 합니다. 또 두통이나 어지럼증의 증상이 나타난다면 온열질환이 의심되기 때문에 즉시 그늘이나 서늘한 실내에서 휴식을 취해야 한답니다. 나름대로 여름을 지혜롭게 보내고 있지만 기온이 크게 오르니 더위 체감지수가 '매우 위험'의 수준까지 이르러 사망자가 속출하고 있습니다. 국회에서는 이런 현실을 반영하여 폭염도 홍수나 지진처럼 재난으로 다루는 법을 서두르고 있다고 합니다. 도심 속 도로의 높은 지열을 낮추려고 청소차량이 물을 뿌리고, 버스 정차 역에 천막과 선풍기를 달고, 달동네 주민을 위해 소방관들이 필요한 곳에 물을 뿌리고 도로를 물청소를 하고, 공원이나 공공장소에 설치된 물놀이 시설에서 아이들이 더위를 식히고, 무더위를 함께 극복하려는 노력들이 아름다운 미담으로 들려오고 있습니다.

STEP5
삶으로 살아내기
Living with Life

우리 교회(신양교회)도 본당 로비를 낮 시간 동안 시원하게 하여 교인들과 우리 교회를 방문하는 지역주민들을 나름대로 배려하고 있습니다. 올해 표어인 "마을을 교회로, 주민을 교인으로"를 구현하기 위해서는 큰 프로젝트에만 의존할 것이 아니라, 이웃을 향한 작은 배려부터 실천해야 합니다. 이웃을 향한 교회의 배려는 오아시스에서 사막으로 흘러가는 생명수의 물줄기와 같습니다.

우리 주변에서 무더위에 지친 분들을 위해 많은 배려들이 나타나고 있어 마음이 시원합니다. 무더위 속의 작은 배려는 오아시스와 같습니다. 배려가 아름다운 사람. 그런 사람이 참 아름다운 사람입니다. 아름다운 사람은 변함이 없습니다. 마음이 정결하기 때문입니다. 아름다운 사람은 미모가 좋아서가 아니라 당신 안에 한 사람에 대한 사랑의 배려가 변함없기에 아름다운 사람입니다. 눈에 보이지 않아도 그 한 사람에 대한 따뜻한 온정이 꺼지지 않아 아름다운 사람입니다. 기억합시다. 무더위 속의 작은 배려는 오아시스와 같습니다.

[배려의 삶을 실천하기 위한 기도]

남을 배려하는 삶은 습관이 되어야 합니다. 말, 행동 등 아주 사소한 것 까지 배려할 수 있는 기도문을 구체적으로 적어보고 기도합시다.

5스텝 52주QT 34

치유의 마음(Healing Mind)
아픈 사람을 향한 마음은 치료입니다

STEP1
말씀 읽기
Reading Bible

믿음의 기도는 병든 자를 구원하리니 주께서 그를 일으키시리라(야고보서 5장 15절)

STEP2
마음 닿기
Mind-Touching

오래전 테네시 주 네쉬빌 교외에서 한 여자아이가 신체적 장애를 안고 태어났는데 마침내 절름발이가 되었습니다. 부모는 이 아이의 물리치료를 위해 정기적으로 의사를 찾아갔습니다. 그러나 희망이 거의 없었습니다. "나는 다른 아이들처럼 뛰어놀 수 없는 건가요?"라고 아이는 부모에게 물었습니다. "얘야, 하나님을 믿으렴. 하나님을 믿으면, 하나님께서 고쳐주실 거야."

아이는 부모의 말을 가슴에 새겼고, 하나님께서 자기가 목발을 짚지 않고도 걸을 수 있게 하실 것이라고 믿었습니다. 아이는 언니와 오빠들의 도움을 받아 걷는 연습을 하였습니다. 열두 번째 생일에 소녀는 어떤 도움도 받지 않고 의사의 사무실 주변을 걸어서 어른들을 놀라게 하였습니다. 그 후로 소녀는 다시 목발을 의지하지 않았습니다.

소녀의 다음 목표는 농구를 하는 것이었습니다. 소녀는 믿음을 갖고 용기 있게 계속 밀고 나갔습니다. 오래지 않아 소녀의 노력이 빛을 보기 시작하였습니다. 그녀는 뛰어난 개인기와 투지를 보였으며 곧 팀에서 최우수 선수로 부상하였습니다. 마찬가지로 그리스도인의 영적 성장은 그리스도 안에서 믿음으로 행할 때에 이루어집니다. 하나님께서 우리를 위해 하신 일을 믿고, 하나님의 은혜로 그 안에 있게 된 우리가 누구인지 알 때에 그리스도인들은 성숙하게 됩니다.

(출처: 다음 카페 '설교전문학교')

Q 환우를 위해 기도한 적이 있나요? 또는 자신의 아픔을 위해 기도 부탁을 한 적이 있 나요?

A 내 주변의 환우 혹은 가족 중에 고통 중에 있는 사람들의 이름을 써 보고 그를 위한 치유의 기도문을 간단히 적어 봅시다.

예수님의 사역은 세 가지로 요약할 수 있습니다. '말씀 선포' 와 '가르침'과 '치유'입니다. 오늘 예수님의 몸인 교회가 무엇을 해야 하는가? 이것을 염두에 두면 교회가 무엇을 해야 할지가 보입니다. 예수님이 가르치고 치료하신 것처럼 교회는 가르치고 치료해야 합니다. 그리스도인인 우리는 교회를 통해 배우고 치료받아야 합니다.

병은 마음의 병과 육체의 병으로 구분할 수 있습니다. 마음의 병이 육체의 병으로 나타나기도 하고 육체의 병이 마음의 병으로 나타나기도 합니다. 마음의 병과 육체의 병 모두 치료받아야 합니다. 병은 커지는 경향이 있습니다. 감기가 대수롭지 않은 것 같아도 방치하면 안 되는 것처럼 마음의 병도 방임하거나 방치하지 말고 가능하면 초기에 치료해야 합니다.

성경을 보면 히나님은 마음의 병도 육체의 병노 다 고쳐주셨습니다. 사역 초기에 예수님은 회당에서 귀신 들린 사람을 고쳐주셨습니다. 베드로 장모의 열병을 치료해 주셨습니다. 소문을 듣고 예수님께 온 각종 병든 자들을 일일이 안수하시며 고쳐주셨습니다. 이것을 통해 우리는 병든 사람을 향한 하나님의 마음을 엿볼 수 있습니다.

사람은 병들 수 있습니다. 사람이 병드는 것은 자연스러운 일입니다. 병든 사람을 예수님은 그대로 두지 않으셨습니다. 예수님은 병든 사람을 고쳐주셨습니다. 병든 사람을 향한 하나님의 마음은 고치는 것입니다. 바울과 같이 특별한 연유로 몸에 병을 지니고 살게 하는 경우도 있지만, 병든 사람을 향한 일반적인 하나님의 뜻은 '고치는 것'입니다. 혹여라도 병이 들었다면, 병든 나를 향한 하나님의 마음은 나를 고치는 것이라는 사실을 기억해야 합니다.

병은 고쳐야 합니다. 병을 방임하거나 방치하지 말아야 합니다. 병이 들면 이제 죽을 때가 되었는가 보다 하고 죽을 날을 기다리지 말고 치료받아야 합니다.

예수님이 사역하시던 때 많은 병든 자들이 예수님께 나왔습니다. 치료받기 위해서입니다. 예수님은 병든 자를 치료하기 위해 하늘에서 오신 의사입니다. 하나님은 이스라엘 백성들에게 친히 "나는 너희를 치료하는 여호와"(출 15:26)라고 소개하셨습니다. 오늘을 사는 우리 역시 병이 들면 예수님께 가야 합니다. 예수의 이름으로 하나님께 치료를 구해야 합니다. "믿음의 기도는 병든 자를 구원하리니 주께서 그를 일으키시리라"(약 5:15)는 약속을 믿고 적극적으로 치료에 임해야 합니다. 고치시기 원하시는, 고쳐서 쓰시기 원하시는 하나님의 뜻에 적극적으로 반응해야 합니다. 히스기야는 병들었을 때 얼굴을 벽으로 향하고 "원하건대 나를 치료하시며 나를 살려 주옵소서"(사 38:16)라고 간절히 구했습니다.

병든 사람을 고치기 원하시는 하나님께선 놀랄 정도로 의학을 발전시켜 주셨습니다. 의사들의 실력을 증진시켜 주셨습니다. 지금도 계속 새로운 치료법과 약이 만들어지고 있습니다. 이것은 병든 자를 치료하시기 원하시는 하나님의 역사입니다. 우리는 이 세상과 세상에 있는 사람들에게서 일어나는 모든 일이 하나님의 계획과 섭리 가운데 이루어짐을 믿습니다. 의학의 발전도 마찬가지입니다.

하나님은 온 우주와 만물과 세상의 모든 사람과 영역을 다 주관하시는 분입니다. 그리스도인은 이것을 믿어야 합니다. 의사의 수술과 약사의 약을 통해 치료받았어도 궁극적으로 그것은 하나님께 받은 치료입니다. 나를 치료해준 의사와 약사 역시 하나님의 능하신 손아래 있습니다. 우리는 의료인들이 '내가 아플 때 치료해 주기 위해 하나님이 준비시켜 주신 사람들'임을 기억해야 합니다. 의사가 되기 위해 인턴과 레지던트 과정을 거칩니다. 힘든 과정입니다. 오늘도 그 고생을 나를 위해하고 있는 사람들이 있으니, 우리는 그저 감사한 마음으로 치료받아야 합니다.

STEP5
삶으로 살아내기
Living with Life

병든 자가 의사를 찾듯이, 우리가 주님 앞에 나와 치유를 바라며 믿음으로 기도할 수 있다면 그것도 큰 축복입니다. 주님은 우리의 아픔을 아시는 분이십니다. 단순히 아실 뿐만이 아니라 같이 아파하시는 분이십니다. 단순히 아파하실 뿐만이 아니라 실제로 치유하시는 분이십니다. 우리 주님은 환경을, 몸을, 영혼을 치료하시는 분입니다. 우리가 이런 주님을 알고 담대하게 치유의 능력을 간구하십시다. 사랑합니다.

[병든 자의 치유를 구하는 기도]
아픈 사람의 고통을 자신의 고통으로 여기지 않으면 절실한 기도가 나올 수 없습니다. 영혼을 사랑하듯 고통받는 지체를 위한 간절히 기도하는 시간을 가져 봅시다.

5스텝 52주QT 35

영적 회복(Spiritual Recovery)

영적 회복탄력성을 가집시다

STEP1 말씀 읽기 Reading Bible

이르시기를 너희는 가만히 있어 내가 하나님 됨을 알지어다 내가 뭇 나라 중에서 높임을 받으리라 내가 세계 중에서 높임을 받으리라 하시도다(시편 46편 10절)

STEP2 마음 닫기 Mind-Touching

1954년. 일단의 학자들이 절망과 좌절로 가득 찬 한 섬에 도착했습니다. 그 이름은 카우아이로서 하와이 군도 서북쪽 끝에 위치한 작은 섬이었습니다. 대대로 지독한 가난에 시달렸고, 주민 대다수는 범죄자, 알코올 의존증 환자, 정신질환자였습니다. 학자들은 카우아이에서 역사에 남을 만한 조사에 착수했습니다. 섬에서 1955년에 태어난 모든 신생아 833명을 대상으로 엄마 배 속에 있을 때부터 30세 이상 성인이 될 때까지 궤적을 추적한 것입니다.

심리학자 에미 워너 교수는 그중에서도 특히 열악한 환경에서 자란 201명을 분석했습니다. 그리고 놀라운 사실을 발견했습니다. '고위험군'이라고 불린 아이들 중 3분의 1인 72명이 밝고 건강한 청년으로 문제없이 성장했던 것입니다. '대부분 사회 부적응자가 됐을 것'이란 가설이 깨지는 순간이었습니다. 가설을 뒤엎은 비밀을 조사한 결과 워너 교수는 72명에게서 공통된 속성을 발견했습니다. 바로 역경을 이겨내는 힘이었습니다. 워너 교수는 그것을 '회복탄력성'이라고 이름 붙였습니다.

회복탄력성은 시련과 역경을 딛고 다시 튀어 오르는 마음의 근력입니다. 회복 탄력성이 높은 사람은 역경에 맞닥뜨렸을 때 원래 자신이 있던 자리로 되돌아올 뿐만 아니라 오히려 더 높이 올라갑니다. 몸의 힘이 근육에서 나오듯 마음의 힘은 회복 탄력성에서 나옵니다.

Q 스스로 생각하기에 회복의 탄력성은 얼마나 될까요?

A 낙심, 절망, 슬럼프에서 얼마나 빨리 회복하시나요? 한번 고민해보고 최고점을 5점으로 했을 때 몇 점 정도 줄 수 있을까 적어봅시다. 그리고 그 이유도 함께 정리하면 좋겠습니다.

STEP4
수용하기
Acceptance

긍정심리학에서는 회복 탄력성에 세 가지 주요 요소가 있다고 말합니다. '자기 조절 능력'과 '대인관계 능력' 그리고 '긍정성'입니다. '자기 조절 능력'에는 감정 조절 능력과 충동 통제 능력뿐 아니라 원인 분석력이라는 아주 중요한 능력이 포함되어 있습니다. 원인 분석력이라 함은 당면하고 있는 사건에 대한 긍정적이고 객관적이고 정확한 스토리텔링(storytelling)의 능력을 갖는 것을 말하는데, 어떠한 사건이 발생하고 그것에 따른 결과가 도출되었을 때, 그 원인과 결과의 상관관계를 해석하는 개인의 관점 혹은 믿음에 따라 어떻게 달라지게 된다는 것입니다.

예를 들어, 나에게 나쁜 일이 생겼을 때, "내가 그렇지 뭐. 나한테는 나쁜 일들이 일어나게 마련이지. 앞으로도 이런 일은 계속될 거야."라고 해석하는 사람은 깨지기 쉬운 유리 공을 쥐고 있는 사람들입니다. 이런 사람들은 아주 사소한 작은 일조차도 의미를 부여하면서 나쁜 상황을 지극히 개인적으로, 영속적으로, 보편적으로 해석합니다. 그렇기 때문에 지나친 일반화의 오류에 빠져서 불필요한 불행을 안고 살아갑니다.

반면 이런 사람도 있습니다. "이번에는 이런 일이 일어났네. 다음에 이런 일이 생기지 않게 하려면 어떻게 해야 할까? 그 부분을 고쳐나가면 다음에는 이런 일을 방지할 수 있겠군" 고무공을 쥐고 있는 사람들입니다. 그리고 좋은 일이 생겼을 때는 이 두 부류의 사람들의 해석은 어떻게 달라질까요? 유리 공을 쥔 자들은 "누구에게나 일어나는 일이지 뭐. 어쩌다 보니 운 좋게 이런 일도 생겼지만, 다음에 또 이런 일이 생긴다는 보장은 없잖아" 좋은 일을 통해서도 불안을 자초하는 모습을 보입니다. 반면 고무공을 쥔 자들은 "이런 일이 생긴다니 참 감사하네. 다음에도 이런 좋은 일이 일어나도록 지금처럼 열심히 준비해야 하겠는걸" 하며 감사를 통해 행복을 누리는 모습을 보인다는 것입니다.

삶에서 긍정적인 태도가 중요한 이유는 이것이 바로 감사와 직결되기 때문이며, 감사를 발견하는 것은 우리의 삶에 개입하신 하나님의 흔적을 발견하는 순간이기에, 신앙인들에게도 회복 탄력성은 중요한 듯합니다.

바쁘게 살기는 사는데, 무엇을 위해 살아가는지, 지금 내가 살아가고 있는 것이 과연 어떤 목적을 위해 달려가는 것인지, 우리도 종종 잊지는 않습니까? 내가 살아가는 삶에서 생기 없이 다람쥐 쳇바퀴 돌 듯 살아가는 우리의 모습을 되돌아보면서 과연 우리는 무엇을 바라봅니까? 그리고 무엇을 생각합니까? 인정받지 못한 삶의 무게와 육체와 정신의 한계로 인한 허탈감과 늘 경쟁 속에 위로받지 못하는 삶의 자리를 보노라면 생기 없는 골짜기와 다를 바 없어 보입니다.

지금 여러분은 무엇을 보고 계십니까? 힘들고 낙담된 자리를 주목하고 계십니까? 감사로 회복의 탄성을 지렛대 삼으시기 바랍니다. 지나간 것은 지나간 대로 의미가 있습니다. 후회와 탄식보다 감사로 우리 앞에 놓여진 미지의 길을 기대와 설렘으로 박차고 나아갑시다.

STEP5
삶으로 살아내기
Living with Life

지금 여러분의 삶의 자리가 소망이 없는 절망과 낙담의 상황이십니까? 여러분이 지금껏 힘써 살아온 그 자리에 좌절의 결과물만 있습니까? 일어설 수 없이 주저앉아 있는 우리의 모습입니까? 우리가 다시 설 수 있는 원동력이 바로 하나님께 있음을 고백해야 할 때입니다. 그러하기에 시인은 시편 46편 10절에 이렇게 고백합니다. "이르시기를 너희는 가만히 있어 내가 하나님 됨을 알지어다 내가 뭇 나라 중에서 높임을 받으리라 내가 세계 중에서 높임을 받으리라 하시도다" 우리의 절망의 자리가 소망의 자리가 되는 것! 우리의 좌절의 상황에서 회복 단력을 가지는 것! 바로 하나님께 있습니다. 이제 우리가 해야 할 일은 자명합니다. 소망되신 하나님을 바라보는 것입니다. 그분의 말씀에 순종하는 것입니다.

[영적 회복을 구하는 기도]
누구나 어려움과 아픔에 처할 수 있습니다. 감사와 긍정적인 사고를 통해 이 어려움을 이기게 해 달라는 기도문을 간단히 정리해 봅시다.

IV

성숙의 정원

그리스도의 향기를 흩날리며

**5스텝
52주QT 36**

기도(Prayer)
이 가을에 기도하게 하소서

STEP1
말씀 읽기
Reading Bible

우리 하나님 여호와께서 우리가 그에게 기도할 때마다 우리에게 가까이 하심과 같이 그 신이 가까이 함을 얻은 큰 나라가 어디 있느냐"(신명기 4장 7절)

STEP2
마음 닫기
Mind-Touching

벌써 신선한 바람이 불어오는 초가을입니다. 추석명절을 앞두고 마음이 고향에 가있고 여러 비할 일들이 많아 분주할 것입니다. 그럼에도 불구하고 믿음으로 깨어서 이 가을에, 하나님 앞에 중요하고 귀한 것을 받아서 내 것으로 만들며 보내는 계절이 되어야 하겠습니다.

나의 신앙생활에서 매일 아침을 기도로 시작하고 주님을 경배하는 가운데 하루를 기도로 마감하는 것이 매우 중요함을 알게 되었습니다. 나는 매일 아침 침대에서 일어날 때 "주님, 미리 숙여 당신을 나의 주인으로 고백합니다"는 말로 주님을 경배합니다. 그리고 새벽기도에 나와 내 생각을 주님께 집중하고 주님의 선하심을 찬양하고 예배합니다. 주님을 사랑한다고 고백하고 내 안에 거하심을 감사합니다.

그리고 주님께 내 이성을 통해 생각해 주시기를 내 마음을 통해 사랑해 주시기를 내 입술을 통해 말씀해 주시기를 요청합니다.

만일 우리가 피아노, 농구, 헬스 등의 분야에서 진보를 원한다면 규칙적으로 연습해야 합니다. 기도생활도 규칙적으로 행하지 않으면 절대 습관이 될 수 없기 때문에 규칙적인 기도 시간을 갖는 것이 중요합니다.

따라서 오늘도 주님께 유용한 기도의 사람이 되기 위해서 우리는 무시로 기도해야 할 뿐만 아니라 시간을 정하여 깊이 있게 기도하는 하루의 삶이 되기를 소망해 봅니다.

STEP3
돌아보기
Check-In

Q 나의 기도 생활을 메모해 보고, 앞으로 개선해야 될 점을 정리해 봅시다.

A 기도 개선 및 작정을 정리해 봅시다.

STEP4
수용하기
Acceptance
우리의 호흡이 우리의 삶의 자연스러운 표현이듯 기도는 자연스러운 우리 믿음의 표현입니다. 매 순간마다 주님을 향한 우리의 믿음과 신뢰와 존경과 경의를 기도로 자연스럽게 표현하는 시간을 갖는 것은 귀한 일입니다.

"기도는 하나님을 위한 것이 아니라 우리 자신을 위한 것이다"는 장 깔뱅의 말처럼, 기도는 우리가 구하는 것을 얻는 결과뿐 아니라, 그렇게 간구하는 과정을 통하여 하나님을 찾고 그분을 사랑하며 섬기고자 하는 열렬한 소원으로 항상 불타오르게 만들어 줍니다.

능력 있는 기도의 열쇠는 자신의 무능력과 절망적인 상황을 하나님께 정직하게 토로하는 마음이다"는 짐 삼발라의 말처럼, 성경은 모든 문제와 짐을 기도로 하나님께 가져가면 성령이 능력으로 우리의 기도를 도우신다고 약속합니다.

확실히 주님은 우리의 모든 필요를 다 아십니다

그럼에도 불구하고 우리가 여전히 기도해야 하는 이유는 기도함으로 인해 우리의 태도가 불평에서 찬양으로 바뀌고 우리 삶을 향한 주님의 계획에 참여할 수 있기 때문이다"라고 한 레이 스테드만의 말처럼, 오늘도 우리의 모든 필요를 아시는 주님을 찬양합니다.

또한 우리가 기도할 때 성령으로 우리를 감동시키어 주님의 성품으로 우리를 빚어주심과 더 나아가 기도로 주님의 계획에도 참여할 수 있습니다. 기도는 마음에 깃들인 악한 욕망이 하나님 앞에 드러나는 것과 파멸되는 것을 경험하게 됩니다. 매일 기도하게 하시는 하나님의 뜻을 이루어 응답받고, 기도 과정을 통해 거룩하게 되는 삶을 살게 됩니다.

기도하면 하나님의 임재를 가깝게 느낄 수 있습니다. 기도는 하나님께 내 운명을 맡기는 것입니다. 기도하면 하나님을 닮아갑니다. 하나님과 계속 대화하면 하나님만 생각하게 되고, 하나님이 원하시는 것을 나도 원하게 되고, 하나님께서 싫어하시는 것은 나도 싫어하게 됩니다.

하나님은 우리의 기도를 절대 무시하지 않으십니다. 한 톨의 기도도 땅에 떨어지지 않게 하십니다. 기도하는 즉시 들으시고 응답하십니다. 다만 그 응답하시는 방법과 때가 우리 생각과 달라서 우리가 금방 느끼지 못할 뿐입니다.

그런데 하나님이 우리의 소원을 들어주시는 게 기도의 핵심이 아닙니다. 기도의 핵심은 아버지의 마음과 아버지의 뜻을 제대로 깨닫는 것입니다. 기도가 중요하다는 것을 알면서도 정작 기도를 하려고 하면 얼마나 어려운지 모릅니다. 우리의 기도를 막고 우리의 기도를 공격하는 악하고 강한 마귀의 세력이 있습니다. 그리고 어떻게든 우리가 하나님의 음성을 듣고 하나님의 말씀을 받는 것을 방해하려 합니다.

그래서 오늘도 우리는 기도를 위해 기도해야 합니다.

교회가 한 덩어리가 되어 기도하고, 더 필사적으로, 더 처절하게 기도하여 우리가 기도할 때 하나님이 그 영적 전쟁에서 승리할 힘을 주십니다.

STEP5
삶으로 살아내기
Living with Life

"기도는 우리로 하여금 주님께 말하도록 하며 묵상은 주님으로 하여금 우리에게 말씀하시도록 한다. 이 둘은 주님과 인격적으로 친밀한 관계를 유지하는데 필수적이라"라고 한 릭 워렌의 말처럼, 모든 악을 멀리하며 주님을 더 깊이 알고 주님과 은밀하고 더 깊이 교제함으로 24시간 주님과 동행하기 위해서 오늘도 우리가 주님께 말하는 시간과 아울러 주님이 우리에게 하시는 말씀을 듣는 시간을 확보하여 반석 위에 집을 짓는 것처럼 그 신앙의 토대가 견실한 하루, 한주의 삶이되기를 소망해 봅니다.

[기도를 위한 기도문]
나의 기도가 삶이 되게 하시고, 나의 삶이 기도가 되길 원함을 고백하는 짧은 기도문을 적어 봅시다.

5스텝
52주QT **37**

사명(Mission)
사명 따라 살면 인생이 즐겁다

예수께서 또 이르시되 너희에게 평강이 있을지어다 아버지께서 나를 보내신 것 같이 나도 너희를 보내노라(요한복음 20장 21절)

가을입니다. 인생의 많은 것들을 생각하게 하는 계절입니다. 이런 예화가 생각납니다. 잔치를 할 때는 보통 돼지를 많이 잡습니다. 왜 소나 다른 짐승이 아닌 돼지를 잡는가 하는 데는 이유가 있습니다. 소는 밭을 갈아야 하고 개는 집을 지켜야 하는 사명이 있기 때문에 잡을 수 없다고 합니다. 그러나 돼지는 사명이 없기 때문에 잡아도 괜찮다는 것입니다.

지난 연휴기간에 우연히 '진주만' 이란 영화를 TV를 통해 본 적이 있습니다. 1941년 12월 7일 주일 아침 7시 55분에 일어난 사건입니다. 토요일 밤 미군 해군들은 밤새도록 술 마시고 춤추고 즐겼습니다. 그리고 모두 곤드레만드레 자고 있는 시간에 일본 '가미가제' 군대에 공격을 당하여 무참하게 참패한 시간입니다.

일본군은 미국을 이기겠다는 계획했을 때, 엄청난 투자를 하게 되었습니다. 이 일은 세계를 경악시킨 사건이었습니다. 어느 비행기든지 미국에 왔다가 돌아갈 비행기는 없습니다. 태평양을 건너서 왔다면 기름을 넣고 가야 했기 때문입니다. 일본 비행기들은 와서 죽을 각오를 한 것입니다. 미군은 이런 생각을 꿈에도 하지 못했습니다. 목적지가 정해지면 목적지에 가게 됩니다. 생명을 건 목적지가 있어야 합니다. 목적지가 분명하면 시간도, 돈도, 힘도 모두 그 목적에 투자하게 됩니다. 낭비하지 않게 됩니다. 그렇기에 목적하는 방향으로 가게 됩니다.

Q 만약 미군들이 자신의 사명에 최선을 다했다면 진주만의 비극은 일어날 수 있었을까요? 혹시 나도 나의 사명을 저버려서 잘못된 결과나 하나님의 뜻을 거슬렀던 적이 있나요?

A 사명 찾기와 사명을 위한 결단과 작정을 적어봅시다.
 – 아직 사명을 찾지 못했다면 이 '큐티'가 끝날 때쯤 하나님께서 보여 주시길 위해 기도해봅니다

STEP4
수용하기
Acceptance

우리가 이 땅에 태어난 목적은 먹고 마시기 위한 것이 아닙니다. 수많은 베스트셀러들은 '어떻게 많은 것들을 얻을 수 있는가'에 조언하고 있지만 이것은 결코 하나님이 우리를 지으신 목적이 아닙니다. 내가 존재함으로 이 땅의 것이 더하기 위해서 존재하는 것이지 그저 축내기 위해서 존재하는 것은 아닙니다. 우리는 이 땅에서 해야 할 일이 있습니다. 그것을 '사명'이라고 부릅니다. mission이란 sending에서 유래되었습니다. "아버지께서 나를 보내신 것 같이 나도 너희를 보내노라"(요 20:21) 그리스도인이 되는 것은 예수 그리스도를 대표해서 이 땅에 보내지는 것을 포함합니다. 주님은 12세 때 "나는 아버지의 일을 해야 한다"(눅 2:49) 21년 후 임종 시 "다 이루었다"(요 19:30) 말씀하셨습니다.

당신은 해야 할 일을 분명하게 발견했습니까? 그리고 그것을 이루며 달려가고 있습니까? 다 이루었다고 당신은 고백할 수 있습니까? 예수님은 아버지께서 주신 사명을 완수하셨습니다. 하나님은 인간을 사단으로부터 구원하고 당신과 화해하길 원하고 창조 목적이 이뤄지길 원하십니다. 그 목적은 하나님을 사랑하고 하나님의 가족이 되며 하나님을 닮아가고 하나님을 섬기며 다른 사람에게 하나님을 전하는 것입니다. 우리는 그리스도를 대신하는 사신이 되어 하나님의 사랑과 목적을 세상에 전하는 메신저입니다.

교회가 직분자를 세우는 것도 중요하지만 그 직분을 맡겨주신 주님께 충성하는 것이 더욱 중요합니다. 왜냐하면 교회의 직분은 명예가 아니라 일하라고 맡겨주는 것이기 때문입니다. 그래서 성경은 아무나 세우지 말고 먼저 시험하여 보고 그 후에 책망할 것이 없는 자를 세우라고 말씀하고 있습니다.

그렇다면 무엇을 시험해 보아야 할까요? 물론 교회생활에 책망할 것이 없는지, 가정생활에 모범을 보이는지를 알아보아야 할 것입니다. 그보다 더 중요한 것이 있는데 바로 사명감입니다. 사도 바울은 사명을 자신의 목숨보다도 더 중요한 것

으로 생각했습니다. 그래서 그는 순교하는 그 순간까지 주님께 충성할 수 있었던 것입니다. 직분과 사명은 다른 것입니다.

사명은 평생을 통해서 이루어야 할 주님의 명령입니다. 사명은 바꾸어지는 것이 아닙니다. 그러나 직분은 얼마든지 바꾸어질 수 있습니다.

사명을 잘 감당하라고 직분을 맡겨주시는 것이기 때문입니다.

그러면 무엇이 사명인가요? 바울에게 있어서 사명은 "복음을 전하는 것"이었습니다. 우리도 다르지 않습니다.

"온 천하에 다니며 만민에게 복음을 전파하라!"(막 16:15),

"가서 모든 민족을 제자로 삼으라!"(마 28:19)

이것이 바로 우리의 사명입니다.

그렇다면 직분을 가지고만 있다면 잘하는 것이 아닙니다. 직분을 통해서 작은 일에도 충성하여 수많은 영혼을 구원하고 하나님 나라 백성으로 훈련시켜서 하나님 나라의 사역을 하게 만드는 이것이 우리에게 직분을 준 이유입니다.

직분을 사명 감당을 위해 주신 것으로 생각한다면 직분을 명예로 생각하지 말고 사명을 이루려고 최선을 다해야 합니다. 복음 증거를 통한 열매를 맺지 못하고 있다면 우리는 자신을 돌아보고 사명을 잘 감당하지 못하고 있음을 깨달아야 합니다. 하나님은 직분과 은사를 통해서 구원의 역사를 이루시는 분이십니다. 그 열매가 많을수록 직분자는 더욱 예수를 닮아가게 될 것이며 하나님 나라는 확장될 것입니다.

STEP5
삶으로 살아내기
Living with Life

주님은 우리의 일하는 모습을 지켜보시고 "충성된 종아 네가 적은 일에 충성하였으매 내가 많은 것을 네게 맡기리니"(마 25:21)하시면서 작은 것을 소홀히 하지 않기를 바라십니다. 그런 하나님의 사람에게 하나님은 많은 것으로 맡겨 주십니다. 그리고 그 많은 일도 넉넉히 감당할 새 힘을 공급해 주십니다. 하나님은 말씀하신 대로 역사를 이끌어 가시며 하나님의 선한 섭리 속에서 모든 것이 합력하여 선을 이루도록 주관하시기 때문입니다. "가장 중요한 것은 예수님께서 나에게 주신 사명을 완수하는 것입니다"(행 20:24 NCV)

[사명을 위한 기도문]

주신 사명이 무엇인가요? 그리고 그 사명을 잘 감당하고 있나요? 복음을 전하는 사명을 한 주 동안 잘 감당하게 해 달라고 진실한 고백으로 기도문을 적어 봅시다.

5스텝
52주QT **38**

거룩한 삶(Holy Life)
내 마음, 그리스도의 집

STEP1
말씀 읽기
Reading Bible

19 너희 몸은 너희가 하나님께로부터 받은 바 너희 가운데 계신 성령의 전인 줄을 알지 못하느냐 너희는 너희 자신의 것이 아니라 20 값으로 산 것이 되었으니 그런즉 너희 몸으로 하나님께 영광을 돌리라 (고린도전서 6장 19-20절)

STEP2
마음 닫기
Mind-Touching

몇 해 전에 미국 보스턴 인근 작은 도시에서 성탄절을 맞아서 시청 앞에 아기 예수의 탄생 장면을 모형으로 만들어 놓았습니다. 그런데 어떤 장난꾼이 아기 예수 모형을 훔쳐갔습니다. 예수님의 아버지 요셉 像(상), 어머니 마리아 像(상), 그리고 탄생을 축하하기 위해 찾아온 동방박사 像(상), 양을 치던 목자들 像(상)은 다 그대로 있었습니다. 그러나 예수님 像(상)은 없었습니다. 그래서 시청 관계자들이 예수 상을 찾으려고 소동을 피운 적이 있었습니다. 어떻게 되었을까요? 찾지 못하여 그 모형들을 다 치웠답니다. 예수님이 주인공인데 주인공이 없으니 소용없는 것입니다. (출처: 네이버 블로그 '미션')

STEP3
돌아보기
Check-In

Q 혹시, 나는 나의 삶 속에서 예수님을 치우지 않았나요?

A 한 주 동안 몇 번이나 예수님이 나와 함께 하고 있었는지를 돌아보며 적어 봅시다. 그리고 예수님을 생각했던 적이 언제였는지도 써 봅시다.

STEP4
수용하기
Acceptance

가을은 독서의 계절입니다. 신앙의 도움을 주는 추천도서 한 권을 소개하고자 합니다. 로버트 멍어(Robert Boyd Munger) 교수가 쓴 『내 마음 그리스도의 집』(My Heart-Christ's Home)입니다. 이 소책자는 구성이 비교적 간단하게 되어 있습니다. 길지 않은 분량이지만 그리스도의 다스리심에 대해서 통찰력 있는 교훈을 주는 책입니다.

저자는 그리스도인이 삶을 살아감에 있어 자신의 삶의 주재(主宰)권을 주님께 드리는 것에 대한 이야기를 각각 서재, 주방, 거실, 작업실, 오락실, 침실, 벽장이라는 비유를 통해서 자기 의로부터의 해방과 이 모든 영역에서 주님께로 완전한 명의 이전이라는 주제로 전개해 나갑니다.

예수님을 구주로 믿었지만 정말 마음에서는 주님으로 모시고 살지 못하던 사람이 예수님을 정말 마음의 집에 주님으로 영접하고 난 뒤 일어나는 일들을 동화처럼 쓴 책입니다. 구체적으로 주인공은 예수님을 마음에 영접한 다음에 예수님과 함께 자신의 마음의 집 여기저기를 다니면서 안내합니다. 주인공의 마음을 집으로 비유해 그리스도를 자신의 집으로 모신 것으로 표현하고 있습니다.

그런데 그는 서재에 들어갔다가 예수님께는 차마 보여드릴 수 없는 책과 잡지, 벽에 걸린 그림 때문에 당황해합니다.

주방에 가서는 주님께 대접해 드릴 마땅한 것이 없습니다. 자신의 식욕만 채우는 탐식으로 살았던 것입니다.

거실에서는 주님과 함께 볼 수 없는 텔레비전 프로그램을 보고 살았음을 알았습니다.

작업실에서는 자기의 노력으로 만든 것들을 보면서 얼마나 초라한지를 알았습니다. 주님의 힘을 의지하지 못하고 산 것은 다 실패임을 알았습니다.

오락실에서는 자신이 예수님과 함께 할 수 없는 오락에 빠져 산 것을 깨달았습니다. 친구들과 놀러 가면서 도무지 예수님을 모시고 갈 수가 없었습니다.

침실에서의 자신의 모습은 너무나 부끄러웠습니다. 침실에서는 주인공의 여자 친구 이야기가 나오는데 주님께서 성관계는 결혼의 언약을 한 사람이 하는 것이라고 하셨고 그 성은 창조적인 능력이라고 하셨는데 그 성이 잘못 이용되면 선을 파괴시킨다고 하셨습니다. 그리고 사랑은 성보다 훨씬 많은 것을 포함하고 있다고 하셨습니다.

그리고 정말 주님께 보여드릴 수 없는 비밀의 방도 있었습니다.

그런데 너무 바빠서 정신없이 출근하던 날, 그는 거실을 지나치다가 예수님께서 혼자 벽난로 앞에 앉아 계신 것을 보았습니다.

그는 조심스럽게 주님께 다가가 "주님, 아침마다 늘 여기에 오셨습니까?" 하고 여쭈어 보았습니다.

그러자 "그럼." 하고 주님은 말씀하셨습니다.

그는 그 말씀에 너무나 부끄러웠다고 했습니다.

주님을 손님처럼도 대하지 않았던 것입니다.

지금 여러분은 주님과 동행하고 계십니까? 여전히 내가 주인이 되어 주어진 삶을 나의 계획과 비전을 향해 달려 나간다면 우리의 자리를 거룩히 세우지 못합니다.

반대로 분주한 삶 가운데에도 우리와 함께 하시는 임마누엘 하나님을 기억하며 살아간다면, 우리의 삶의 자리는 더 거룩하고 하나님께서 기뻐하시는 자리로 세워질 것입니다.

여러분의 가정에도, 직장에도 함께하시는 주님을 의식하며 살아가십시오. 하나님의 임재를 경험하는 그 자리가 바로 예배의 자리요, 하나님의 은혜를 누리는 자리입니다.

자, 지금 여러분의 삶의 자리에 주님을 모시고, 주님과 동행하시를 시작합시다.

STEP5
삶으로 살아내기
Living with Life

이 책에서 '로버트 멍어' 교수는 이제라도 우리의 마음을 예수님의 소유가 되게 하라고 권합니다. 이제는 내 집에 예수님을 모시고 사는 것이 아니라 예수님의 집에서 산다고 생각하여야 합니다.

저는 이 책을 읽으면서 뭔가 이 주인공이 나 같다는 생각이 들었고 주인공에게 이입이 되어 읽었던 것 같습니다. 주인공이 자신의 마음에 그리스도를 모신 것을 보고, 정말 나도 주님께 내 삶을 드리고 싶고 정말 주님이 나의 모든 것을 맡아주셨으면 좋겠다고 생각했습니다. 여러분들도 이 책을 읽으며 "주님께서 정말 저의 마음의 문을 열고 들어와 주인이 되어주셨으면 좋겠습니다."라고 고백해보시면 어떨까요?

[거룩한 삶을 위한 기도문]
예수님과 일상으로 동행하는 결단의 기도문, 혹은 예수님께 짧은 편지를 써 봅시다.

5스텝
52주QT **39**

고난의 축복(Blessing of Hardship)
태풍이 지나면 하늘이 맑아집니다

STEP1
말씀 읽기
Reading Bible

3 찬송하리로다 그는 우리 주 예수 그리스도의 하나님이시요 자비의 아버지시요 모든 위로의 하나님이시며 4 우리의 모든 환난 중에서 우리를 위로하사 우리로 하여금 하나님께 받는 위로로써 모든 환난 중에 있는 자들을 능히 위로하게 하시는 이시로다 5 그리스도의 고난이 우리에게 넘친 것 같이 우리가 받는 위로도 그리스도로 말미암아 넘치는도다(고린도후서 1장 3-5절)

STEP2
마음 닿기
Mind-Touching

어떤 왕이 학자들에게 인류의 역사를 책으로 엮어보라고 했습니다. 그 명령을 듣고 방대한 책을 써온 신하들에게 왕은 다시 "너무 거창하니 한 장, 더 나아가 한 단어로 요약하라"고 했습니다. 그러자 마지막으로 추려진 한 단어가 바로 'Suffering'(고난)이라는 단어였습니다. 인생은 고난입니다. '생로병사' 자체가 고난입니다. 데카르트는 "나는 생각한다. 고로 존재한다."라고 했지만, 키에르 케고르는 "나는 고통한다. 고로 존재한다."라고 표현했습니다. 피할 수 없는 고난은 올해 우리 앞에도 놓여 있습니다. 그렇다면 어차피 당하는 고난이라면 이 고난을 어떻게 해결해야 할까요?

STEP3
돌아보기
Check-In

Q 내가 지금 가장 고통스러워하는 부분은 무엇인가요?

A 나의 고통을 적어보고 그 이유도 함께 기록해 보세요. 그리고 그 고통을 이기고 나면 어떨지도 생각해 보세요.

STEP4
수용하기
Acceptance

우리 인생에서 몇 번의 태풍을 견뎌내고 몇 번의 푸른 하늘을 마주 할 수 있을까요? 많은 분들이 인생의 롤러코스트를 통하여 삶의 희로애락(喜怒哀樂)을 경험하였을 것입니다. 지금도 우리의 삶은 여전히 그러하기도 합니다. 하지만 뒤돌아 보면 인생의 태풍속에서도 잘 견뎌냈고, 우리는 지금 내 인생의 거대한 태풍에서 살아남은 것 같습니다.

인류의 조상 아담의 죄로 인해 인류에게 보편적으로 주어진 용서를 받아야 합니다. 왜냐하면 하나님은 고난을 창조하지 않으셨으며, 인간이 고난을 받는 이유는 하나님의 명령에 불순종하고 죄를 지었기 때문입니다(창 3:17-18).

죄의 결과는 끝없는 고난입니다. 그러므로 영적으로, 육적으로, 생활적으로 고난을 당하다가 결국 죽고 마는 인생이 되었습니다. 아담의 죄는 모든 인류에게 유전되었습니다. 그러나 예수님의 대속적인 죽음으로 우리는 죄를 사함 받게 되었고, 죄의 결과인 고난과 죽음도 청산하게 되었습니다. 그러므로 모든 사람은 예수를 믿음으로 죄로 인한 유전적 고난을 벗어버려야 합니다(롬 3:23, 롬 6:23, 마 11:28).

고난은 우리를 정화시키는 특별한 은혜가 있습니다. 우리의 죄 성을 다스리고, 자아를 깨뜨리며 변화와 성장을 가져다주는 유익한 고난, 필연적 고난이 있습니다(롬 5:3-4). 우리를 성화시키는 필연적 고난은 믿음과 인내로 견뎌야 합니다. 그리할 때, 우리 자신이 정화되고, 인격의 쓰레기가 사라지게 됩니다. 그런 점에서 필연적 고난은 우리를 발전시키는 하나님의 또 다른 은혜가 됩니다.

우리는 자발적 고난을 마다하지 말아야 합니다. 인간이 행복하지 못한 이유는 남을 위한 자발적 고난을 기피하기 때문입니다. 그러므로 복음과 이웃을 위한 영광스러운 고난은 함께 기뻐하고 즐겨야 합니다. 하나님의 은혜는 나누고 전달해야 더 큰 은혜가 되고 행복이 되기 때문입니다. 예수님이 가장 행복하셨던 이유는 바로 남을 위해 고난을 기꺼이 받으셨기 때문입니다(마 20:28).

자발적 고난을 즐길 때, 그 자체가 영광이 됩니다. 예수님의 고난은 우리에게 사명으로 상속되며, 그 고난을 즐거워할 때, 우리도 예수님처럼 거룩하고 행복하고 영광스러운 존재가 됩니다. 십자가 없이 영광이 없기 때문입니다. 그러므로 성경은 자발적 고난을 즐기라는 말씀으로 가득 차 있습니다(롬 8:17-18, 골 1:24). 그리고 죄로 인한 고난이 닥쳤을 때, 그 죄를 회개하고 죄를 더 이상 짓지 않아야 합니다. 죄로 인한 고난을 더 이상 당하지 않기를 바랍니다. 다만, 자아를 성숙시키는 고난이라면, 필연적인 것으로 받아들이고 지혜롭게 극복하여 발전과 성공의 기회로 만드시기 바랍니다. 주님과 교회와 영혼구원을 위한 고난은 기쁨과 즐거움으로 받아들이시기 바랍니다. 고난은 예수님을 닮아가는 최고의 영광이기 때문입니다.

시편 119:71절은 "고난당한 것이 내게 유익이라 이로 말미암아 내가 주의 율례를 배우게 되었나이다"라고 노래합니다. 지금 직면하고 있는 고난 속에서도 하나님의 뜻을 발견해야 하겠습니다. 무엇보다 고난 중에도 주님을 바라보는 믿음의 여유를 잃지 마시기 바랍니다. 우리의 최고봉 되신 주님을 닮아감을 통해 하늘의 위로를 누리시기 바랍니다.

STEP5
삶으로 살아내기
Living with Life 어느덧 가을이 성큼 다가오고 올해의 달력도 네 장만이 남았습니다. 남은 올해에 나에게 다가오는 고난을 무조건 싫어하거나 원망하지 않도록 합시다. 오히려 그 고난을 분석하고 살펴보시기 바랍니다. 환경은 그 환경에 처한 사람이 어떻게 대처하느냐에 따라 디딤돌이 될 수 있고, 거침돌이 될 수 있습니다. 성경은 "우리가 사방으로 욱여쌈을 당하여도 싸이지 아니하며 답답한 일을 당하여도 낙심하지 아니하며"(고후 4:8)라고 말씀하고 있습니다.

태풍이 지나간 자리에 피해도 크지만, 태풍은 지긋지긋한 무더위와 오염된 공기와 먹구름을 데리고 물러갔습니다. 태풍이 지나간 뒤의 그 아름다운 하늘을 놓칠 수 없으니, 푸른 하늘을 바라봅니다. 푸른 하늘은 새로운 계절이 시작되고, 새로운 일상이 시작될 수 있음을 알려줍니다.

[고난을 이겨내는 기도]
고통 중일지라도 태풍이 지나가면 맑은 하늘이 오듯, 이 고난이 나에게 도리어 축복이 될 것을 믿는 믿음으로 기도문을 적어 봅시다. 그리고 소리 내어 기도합시다.

5스텝 52주QT 40

평생 감사(Lifelong Gratitude)
행복의 문을 여는 열쇠, 평생감사

STEP1
말씀 읽기
Reading Bible

여호와께 감사하라 그는 선하시며 그 인자하심이 영원함이로다(시편 107편 1절)

STEP2
마음 닿기
Mind-Touching

추수감사주일을 맞으며 감사에 대한 편견이 있지 않나 생각해 봅니다. 분주한 일상 그리고 어제와 다르지 않은 오늘이 반복되는 듯 한 매일매일의 삶 속에서 하나님의 소중한 선물인 하루를 너무 홀대하며 살고 있지는 않은가 생각해 보았습니다. 숨 돌릴 겨를 없이 바빴던 하루 속에서, 작은 감사를 떠올리는 것이 얼마나 소중한 발견인지 새삼 깨닫게 됩니다. 우리는 너무 당연해서 감사를 잊어버리는 경우가 허다합니다. 모든 것이 그렇습니다. 지금 내가 이렇게 앉아 이렇게 글을 쓰는 것도 참 감사한 일이고 누군가 내 글을 읽는 것도 감사하다는 생각을 재발견해봅니다.

처음에는 '과연 오늘 감사할 일이 있기는 한가' 하는 생각이 들기도 하겠지만 꾸준히 실천해본다면 뜻밖의 행복감에 젖어드는 자신을 보게 될 것입니다. 이 글을 읽는 분들도 하루하루 지나쳤을지 모를 '감사'를 재발견해볼 수 있기 바랍니다.

감사가 행복해지는 연습이라면, 불평은 불행해지는 연습일 것입니다. 감사의 고백을 기록으로 남겨보세요. 감사는 하나님께 드리는 가장 좋은 선물입니다. 감사는 절망을 밀어내고 희망을 끌어오는 기적의 힘을 가지고 있습니다. 감사는 산수의 덧셈이나 곱셈과 같아서 감사하면 할수록 그곳에는 크고 작은 기적이 나타납니다. 그러나 이와 반대로 감사가 없는 삶은 뺄셈이나 나눗셈과 같아서 받은 축복까지도 잃어버립니다.

Q 감사를 정리해 봅시다.

A 감사의 체크리스트를 정리해보고 감사한 것을 세어 보면 감사가 더 넘칠 겁니다. 오늘 하루 감사한 일들, 또는 감사 거리가 기다리고 있다면 적어 봅시다.

추수감사절은 은혜를 기억하고 감사하는 절기입니다. 내가 잘 해서 농사를 잘 지은 것이 아닙니다. 하나님께서 값없이 햇빛, 달빛, 별빛, 모두 하나님의 은혜 가운데 주셨기에 수확을 누릴 수 있습니다. 그러니 '남이 하니까 나도 하는 감사'가 아니라, 마음속 깊은 곳에서 진심으로 나오는 감사여야 합니다.

감사를 나타내는 영어 'thank'는 '생각하다'의 'think'와 어원이 같습니다. 조금만 생각해 보면 감사할 일이 많이 있다는 것입니다. 그래서 저명한 철학자 하이데거는 종종 "생각한다는 것은 감사한다는 것이다"라고 말했고, 영국에 있는 청교도 교회의 벽에는 "생각하라 그리고 감사하라(Think and Thanks)"라는 말이 새겨져 있다고 합니다. 그런데 재미있는 것은 '생각하다'는 '기억하다'의 어원과도 관련이 있다는 것입니다.

올해 추수감사주일을 맞이하여 세 가지 감사의 일을 실천해 보도록 제안합니다.

먼저 하나님께 감사의 실천입니다.

둘째 가족에게 감사의 실천입니다.

셋째 이웃에게 감사의 실천입니다.

1. 하나님께 감사

1) 추수 감사주일을 온전히 지킵시다. 새벽기도회와 주일 낮 예배, 그리고 주일 찬양예배까지 우리들이 맺은 모든 열매를 하나님께 드리며 감사의 예배를 드립니다.

2) 하나님께 드리는 감사기도제목을 정성껏 적은 추수감사헌금을 하나님께 드립니다.

2. 가족에게 감사

1) 감사노트를 통하여 매일매일 오늘의 감사의 내용을 기록합니다. 머리로만 생각하고 넘어가면 쉽게 잊힐 내용들이 기록을 통해서 하나님과 함께 하는 우리 가족의 역사가 됩니다.

2) 추수감사주일 예배 후 그릴이나 좋은 곳에서 가족과 함께 사랑의 식탁 교제를

나눕니다.

3) 올 한 해 감사했던 교우, 곧 하나님의 가족에게 감사 엽서를 쓰셔서 로비에 비치된 우체통(헌금함)에 넣어 주시면 배달 또는 발송해 드립니다. 봉투 겉면에 받으시는 분의 이름과 주소와 연락처를 반드시 적어주시기 바랍니다.

3. 이웃에게 감사

1) 감사의 쌀 항아리 – 주일 성도들이 집집마다 한 움큼씩의 쌀을 가지고 감사의 항아리에 담으면 그것을 정리하여 이웃과 나누는 '오병이어 쌀'로 활용하거나 떡으로 만들어 어려운 지역주민 및 감사해야 할 이들에게 나누어줍니다.

2) 감사의 과일 나눔 – 한 사람이 한 가지 이상의 과일을 가지고 오셔서 본당과 로비에 감사의 나무 밑에 모아 주시면 지역의 어려운 이웃들이나 관공서(예, 경찰지구대, 동사무소, 경로당, 소방서 등)에 나누어 드립니다. 자녀들도 함께 감사의 과일 나눔에 참여해 주시기 바랍니다.

3) 감사의 나눔 프로젝트 – 교회 주변 사람들과 장기결석자들과 태신자(전도대상 자)들에게 찾아가 선물을 전하는 만남의 시간을 가지도록 합니다.

영국에 유명한 목사이자 신학자인 스펄전(Charles Haddon Spurgeon, 1834~1892)은 "촛불을 보고 감사하는 사람에게 달빛을 주시고, 달빛을 보고 감사하는 사람에게 햇빛을 주시고, 햇빛을 보고 감사하는 사람에게 하나님의 영광의 빛을 준다"라는 유명한 설교를 했었습니다. 하나님은 감사를 더하는 사람에게 축복을 더 주고, 축복의 줄이 끊어지지 않도록 개인과 집안과 사업체에 역사해 주십니다.

STEP5
삶으로 살아내기
Living with Life

이처럼 온 교우가 참여하는 추수감사주일을 통해서 "마을을 교회로, 주민을 교인으로"라는 목표를 실천해 갈 수 있습니다. 각자에게 주어진 여건 속에서 마음과 힘을 다하여 하나님께 감사를 드릴 때 하나님께서 기뻐하시는 것은 물론, 우리 교회와 지역 사회에 하나님의 영광이 밝히 나타날 것입니다. 우리 자신의 삶은 물론, 가족과 교회와 지역 안에 행복의 문이 활짝 열릴 것입니다.

[감사를 고백하는 기도]
위의 내용을 실천하기 위한 감사의 기도문을 간단히 적어 봅시다.

5스텝 52주QT 41

습관적 감사(Habitual Gratitude)

감사의 습관이 기적을 만든다

STEP1
말씀 읽기
Reading Bible

감사로 제사를 드리는 자가 나를 영화롭게 하나니 그의 행위를 옳게 하는 자에게 내가 하나님의 구원을 보이리라(시편 50편 23절)

STEP2
마음 닫기
Mind-Touching

이것을 먹으면 행복감이 증가하고, 부정적 감정이 약화되고, 부교감신경이 활성화되며, 긴장이 풀리고, 스트레스가 감소됩니다. 위장기능과 혈액순환이 좋아지고, 체내 독소가 줄어들 뿐 아니라 질병에 대한 면역력이 높아지고 항암작용을 하며 신체 활력이 증가합니다. 이런 효과가 있는 약이 무엇일까요? 감사 약입니다."감사의 습관이 기적을 만든다"(정상교)라는 책에서 나오는 이야기입니다.

전 세계 심리학계(미국의 심리학 박사 로봇 에먼스)와 의학계(맥크래티, 존 자웽 등)의 다양한 전문가들은 감사가 인간의 정신과 신체에 어떠한 영향을 끼치는지에 대해 다양한 임상실험을 실시했답니다. 다양한 분야의 전문가들은 피실험자들로 하여금 매일 감사 일기를 쓰게 하거나, 감사한 일을 메모하게 하거나, 매일 식사 전에 감사기도를 드리게 하는 등 여러 방법을 활용했답니다.

전문가들이 도출한 실험 결과는 놀라울 정도로 일치했답니다. 감사하는 마음이 정신적으로 뿐만 아니라 신체적으로도 탁월한 건강 증진 효과를 가져온다는 것입니다. 지그 지글러는 "당신이 취할 수 있는 온갖 태도 중 감사가 삶을 가장 크게 변화시킨다" 라고 했습니다. 그렇습니다. 지난주 칼럼에서 제안했던 것처럼, 매일매일 감사생활을 하면 결혼생활도, 가족관계도, 직장생활도, 교회생활도, 얼굴 표정도, 건강도, 마음의 자세도, 하나님과의 관계도, 인간관계도, 경제생활도 달라집니다.

어느 사업가가 "백만 번 감사"라는 책을 썼습니다. 출판사로 찾아와서 출판을 부탁하였습니다. 사장님과 대화입니다. "얼마나 감사하면 100만 가지나 감사할 것이 나요?"

"예. 그렇습니다." "50년 동안 감사하여도 일 년에 2만 번이고 그러면 하루에 60가지씩 감사하여야 100만 번 감사인 데요." 그리고 그 책을 들추었습니다.

"하나님! 감사합니다."

이런 말만 100만 번 쓰여 있었습니다. 그리고 내용은 간단하였습니다. 술과 여자에 빠져서 완전 폐인이 되었습니다. 죽기 일보 직전에 하나님께서 살려 주셨습니다. 지금은 큰 사업가가 되었습니다. 살아있다는 것만도 감사입니다. 그런데 사업체를 주셨습니다. 그것만도 감사한 데 큰 사업가가 되었습니다. 더욱이 천국에 대한 구원에 확신이 넘쳤습니다. 그저 감사밖에 할 것이 없습니다. 그래서 100만 번 감사라는 책을 썼습니다. 이것이 감사입니다.

STEP3
돌아보기
Check-In

Q 하루에 몇 번 정도 하나님께 감사를 고백하나요?

A 한 주일 동안 감사를 고백한 것이 몇 번인지 생각해 보고 하루 10가지 이상 감사할 것을 생각해 보고 적어 봅시다.

STEP4
수용하기
Acceptance

일본에 '미즈노 겐조'라고 하는 유명한 시인이 있습니다. 그가 초등학교 4학년 때, 심한 열병을 앓았다고 하는데 그 결과로 그는 손가락도 움직이지 못하고 발가락도 움직이지 못하며 말도 할 수가 없는, 그야말로 식물인간처럼 되어버렸다고 합니다. 이렇게 그는 고통스러운 몸과 마음이 되어 하루하루 죽을 날만 기다리고 있었는데, 그런 그에게 이웃에 있는 한 그리스도인이 찾아와 성경책 한 권을 선물로 주었다고 합니다. 겐조의 어머니는 척추가 마비가 되어 앉을 수도 없는 사랑하는 아들이 엎드린 채라도 성경을 읽을 수 있도록 작은 나무 받침대를 하나 만들어 그 위에 성경을 펼쳐놓아 주었습니다. 어머니가 나무 받침대 위에 성경책을 펴놓아 주긴 했으나, 겐조는 손가락을 쓰지 못하니까 책장을 넘길 수조차 없었습니다. 그래서 겐조가 성경 한 장을 다 읽고 나서 눈으로 껌벅껌벅 신호를 보내면 옆에 앉아있던 그의 어머니가 책장을 한 장씩 손으로 넘겨주었습니다. 몸의 장애로 인하여 학교도 교회도 다닐 수가 없었던 겐조는 남아있던 눈으로만 성경책을 읽고 또 읽었다고 합니다. 그러던 어느 날, 그는 성경을 읽다가 그 속에서 구원의 주가 되신 예수 그리스도를 만났습니다. 창조주 하나님께서 벌레보다 못한 인간을 구원하시려고 하늘 보좌를 버리신 것과 십자가를 지신 그 귀한 사실을 마음속 깊이 깨닫게 된 그는 울고 또 울었습니다. 그리고 그 하나님께 드리는 감사의 마음을 글로서 표현하고 싶었으나 손가락이 말을 안 들으니 글을 쓰고 싶어도 쓸 수가 없었고, 말을 할 수가 없으니 녹음을 할 수도 없었고, 그저 두 눈만 끔뻑거렸다고 합니다.

이것을 본 그의 어머니가 철자가 적혀 있는 종이를 한 장 그 앞에 놓아두고 막대기로 한자씩 짚어 나가면서 아들의 눈동자를 살폈습니다. 어머니가 들고 있는 막대기 끝이 자기의 원하는 글자에 가서 닿으면 그것이 맞는다고 겐조는 눈으로 신호를 보내었고, 그러면 그의 어머니가 그 글자를 뽑아서 다른 종이에다 옮겨 적었고, 이렇게 고통 중에서 겐조가 눈으로 한 자 한 자 모아서 적은 글이 시집으로 출간되었는데 그곳에는 아름답고 영감 있는 시가 170여 편이나 수록되어 있다고 합니다. 그 시집의 내용은 장애인으로서 태어 난 자신을 원망하기보다 오히려 감사의 고백이 많습니다.

만일 내가 괴롭지 않았더라면 하나님의 사랑을 받아들이지 않았을 것을…

사실 그렇습니다. 우리가 조금만 깊이 생각을 해 보면 내가 받은 것이 없어서 감사치 못하는 것이 아니라, 받은 것보다 받을 것만 생각하다 보니 하나님의 은혜를 깨닫지 못하기 때문에 감사치 못하는 것입니다.

STEP5
삶으로 살아내기
Living with Life

탈무드는 "가장 지혜로운 사람은 배우는 사람이고, 가장 강한 사람은 자신을 이기는 사람이며, 가장 행복한 사람은 항상 감사하며 사는 사람이다."라고 했습니다. 감사하는 사람과 불평하는 사람 중 누가 더 행복할까요? 성경은 "감사로 제사를 드리는 자가 나를 영화롭게 하나니 그의 행위를 옳게 하는 자에게 내가 하나님의 구원을 보이리라(시 50:23)라고 말씀합니다.

[일상에서 감사를 고백하는 기도]

어떤 특별한 일이나 사건 때문이 아니라, 일상에서 감사를 찾아 행복한 그리스도인이 되길 구하며 기도문을 간단히 적어 봅시다.

5스텝 52주QT **42** 감사의 능력(Ability of Gratitude)
불만 가득한 세상의 해답은 바로 감사입니다

STEP1 말씀 읽기 Reading Bible

범사에 감사하라 이것이 그리스도 예수 안에서 너희를 향하신 하나님의 뜻이니라(데살로니가전서 5장 18절)

STEP2 마음 닿기 Mind-Touching

매주 목요일 교역자들과 함께 한국에어로빅협회 정기예배를 드리고 있습니다. 선수 및 코치, 그리고 임직원들이 한 자리에 모여 한 마음으로 예배드리며, 하나님께서 주신 귀한 달란트를 통해 영광 돌리고자 구슬땀을 흘리는 모습에 귀한 도전을 받고 옵니다.

예배 후 한국에어로빅협회 회장님께서 코치 및 선수들에게 '감사' 릴레이를 하는 것을 보게 되었습니다. 그런데 단순한 격려가 아니라, 서로에 대한 신뢰와 감사가 필요함을 강조하는 것을 들으며, 그 이유가 궁금했습니다.

회장님과 이사장님께서 하시는 말씀이 '학교 교육'의 문제 해결 방식을 보고 그 해답으로 '감사하기' 운동을 하기로 했다는 것입니다. 그 내용을 들어보니 정말 혜안(慧眼)이지 않나 싶었습니다.

STEP3 돌아보기 Check-In

Q 늘 감사하고 있나요?

A 감사가 하나님의 뜻입니다. 스스로 생각하기를 하루에 몇 번이나 감사하고 있나요?
체크 해보고 자신의 삶에 감사한 부분을 3가지 정도 적어 봅시다.

STEP4 수용하기 Acceptance

요즘 공교육의 문제 중 하나가 '학생들이 해결 능력이 없다'는 것이라고 합니다. 사건이 터지면 부모들은 자식을 보호한다는 미명 하에 상대 학생을 질타하거나, 학교를 고발하는 것으로 시작한다고 합니다. 문제의 해결보다 자기 자녀들의 인권과 권리만을 앞세우며, 자녀들을 분리시킨 채 어른들이 해결을 주도하는 모습을 자주 본다고 이야기합니다. 그러다 보니 타협은 없고, 인권이라는 이름으로 비인간화를 부추기는 실태로 전락하게 된답니다. 이것은 비단 경쟁사회에서 자신의 권리를 놓치면 바보가 되는 것으로 귀결되고, 그리하여 자신이 누릴 권리만을 주장하는 이기적인 존재로 전락해 버렸다는 것입니다.

학교는 문제를 키우고 싶지 않아 잘못된 고육지책인 분리와 단절을 통해 문제를 해결하려 하고, 학부모는 자기 자녀의 인권과 권리만을 앞세워 이기적인 존재로 만들고 있는 세상의 모습에 씁쓸할 뿐입니다. 고소 고발과 분리 단절이 능사가 아닐 터인데, 이러한 방식으로 문제의 출구를 삼아 해결하는 방식을 우리 사회에서도 쉽게 접할 수 있습니다. 여전히 우리 사회의 단면을 보면 '세대 간 분리'와 '편 가르기'를 통해 자신들의 이익과 권리를 추구하려고 모습에 눈살을 찌푸리게 만듭니다.

문득 창세기 11장에 나오는 '바벨탑 이야기'가 생각납니다. 하나님의 형상으로 지음 받은 인간들이 하나님의 영광을 위해 살고자 몸부림치는 것이 아니라, 자신의 이름을 드높이는 지략을 펼칩니다. "3 서로 말하되 자, 벽돌을 만들어 견고히 굽자 하고 이에 벽돌로 돌을 대신하며 역청으로 진흙을 대신하고 4 또 말하되 자, 성읍과 탑을 건설하여 그 탑 꼭대기를 하늘에 닿게 하여 우리 이름을 내고 온 지면에 흩어짐을 면하자..."(창 11:3-4) 하나님의 형상대로 지음 받은 인간들은 자신들의 업적과 자신의 안전을 위해 탑을 쌓았습니다. 하나님의 영광을 위해 창조된 인간이 자신의 영광과 권리를 위해 단합했습니다. 하나님과 분리를 선포하고, 하나님과 편을 달리하여 그 옛날 아담과 하와가 범한 죄를 반복하였습니다.

점점 사회가 자신만의 바벨탑을 쌓고자 합니다. 자신의 권리만 주장하면서 인간미가 사라져 갑니다. 자신의 권리를 외치지 못하면 바보라는 조롱과 비난 가운데 놓입니다. 바른 가치관을 심어주지 못하는 우리 교육의 부재가 문제일까요? 아니면 인간다움을 잃어버리게 만드는 우리의 경쟁 구도가 문제일까요?

우리는 성경에서 함께 거하며 자신의 이름을 내고자 하는 인간들의 모습을 보신 하나님의 일하심을 주목하게 됩니다. "7 자, 우리가 내려가서 거기서 그들의 언어를 혼잡하게 하여 그들이 서로 알아듣지 못하게 하자 하시고 8 여호와께서 거기서 그들을 온 지면에 흩으셨으므로 그들이 그 도시를 건설하기를 그쳤더라"(창 11:7-8)

하나님과 단절하며 자신의 이기적인 욕심을 추구하는 인간을 향해 하나님께서는 언어를 혼잡하게 하심으로 그들을 흩어지게 만드십니다. 단합하여 자신의 힘을 과시하고자 하는 그들을 하나님은 흩으십니다. 세상에 이름을 내고, 세상에서 자신의 안전망을 구축하고자 하는 꿈이 허물어졌습니다. "9 그러므로 그 이름을 바벨이라 하니 이는 여호와께서 거기서 온 땅의 언어를 혼잡하게 하셨음이니라 여호와께서 거기서 그들을 온 지면에 흩으셨더라"(창 11:9)

하지만 한 가지 질문을 던지고 싶습니다. 과연 하나님께서 언어를 혼잡케 하고 인간을 흩어지게 한 것이 인간을 망하게 한 것일까요? 아닙니다. 오히려 다시 새로운 회복을 위한 희망의 일을 하시는 하나님의 개입임을 기억해야 합니다. 하나님께서 인간을 창조하신 본연의 목적대로 살아가도록 하기 위해 행하신 일입니다. "27 하나님이 자기 형상 곧 하나님의 형상대로 사람을 창조하시되 남자와 여자를 창조하시고 28 하나님이 그들에게 복을 주시며 하나님이 그들에게 이르시되 생육하고 번성하여 땅에 충만하라, 땅을 정복하라, 바다의 물고기와 하늘의 새와 땅에 움직이는 모든 생물을 다스리라 하시니라"(창 1:27-28)

오늘 불만 가득한 세상에서 생존하기 위한 우리의 애씀이 단절이나 분리가 아니라, 하나님의 가치관을 붙잡고 나아가는 것은 어떻겠습니까? 이 세상에서 하나님의 창조 목적대로 살아가며 인간다움을 회복하는 우리의 첫걸음 말이지요. 그것은 바로 '감사' 입니다. 하나님께서 우리를 창조하여 주심에 감사하고, 하나님께서 우리와 함께 일하심에 감사하며, 하나님의 나라를 위한 동역자로 우리를 세우심에 감사하며 살아갑시다.

STEP5 삶으로 살아내기 Living with Life

세상이 아무리 각박하다 하더라도 우리에게 가정을 허락하여 주시고, 우리에게 부모를 허락하여 주시고, 우리에게 자녀를 허락하여 주심에 감사하는 한 달 되시기 바랍니다. 우리의 삶의 자리에서 시작된 '감사' 를 통해, 하나님은 하나님께서 이 땅에 이루기 원하시는 하나님 나라의 확장을 위한 복의 통로로 우리를 사용하실 겁니다.

[감사의 기도]
감사한 제목들을 써 보고 기도문으로 간단히 정리해 봅시다.

5스텝 52주QT 43

천하보다 귀한 영혼(A Soul more Precious than the world)

한 영혼이 전부입니다

STEP1
말씀 읽기
Reading Bible

사람이 만일 온 천하를 얻고도 제 목숨을 잃으면 무엇이 유익하리요 사람이 무엇을 주고 제 목숨과 바꾸겠느냐(마태복음 16장 26절)

STEP2
마음 닿기
Mind-Touching

2018년 6월, 태국 북부 탐루엉 동굴에서 물놀이를 하다 갑작스런 폭우로 실종된 13명의 유소년 축구팀 소년들과 코치가 실종 열흘 만에 살아 있는 채로 발견되었다는 소식이 국제 뉴스로 전해졌습니다. 그러나 발견 위치도 동굴 속 매우 깊은 곳이고, 폭우로 동굴 안에 물이 가득 차 있어 구조가 매우 어려운 형편이라 소식을 들은 많은 사람들을 안타깝게 하였습니다. 하지만 상황이 아주 비관적인 것만은 아니었습니다. 열세 명의 아이들과 코치를 구조하기 위한 도움의 손길이 전 세계에서 이어졌기 때문입니다. 영국 가디언 등의 외신 보도에 따르면 미국, 영국, 호주, 중국, 필리핀, 미얀마, 라오스 등지에서 온 군인, 의료진, 구급대원, 동굴 탐험가 등 1천여 명의 구조인력들이 지혜와 힘을 모았다고 합니다. 이에 저도 귀중한 생명들이 어두운 동굴 속에서 구출되어 밝은 세상으로 다시 나올 수 있기를 간절히 기도하였고, 참 감사하게도 이후 7월 10일에 아이들과 교사 모두 구조가 되었습니다.

생명의 가치를 소중히 여기는 전 세계인의 마음이 하나가 되는 귀한 시간이었습니다. 그런데 우리 하나님은 우리의 생명뿐만 아니라, 영혼까지 가장 귀하게 여기시는 분이십니다.

Q 생명은 값으로 평가될 수 없습니다. 그럼에도 우리는 능력과 무능력으로 사람을 판단한다. 스스로에게 자문해 보자. 나의 생명, 즉 사람에 대한 가치는 어디에 있는가?

A 자본주의 사회에 생명에 대한 척도에 대해서 반성하며, 자신이 그랬던 적에 대해 정직하게 고백하는 글을 짧게 적어 보자.

STEP4
수용하기
Acceptance

빛도 없는 어두운 동굴, 죽음의 그림자가 밀려와도 속수무책인 채울 수 없는 눈동자를 하고 있는 그들의 모습이 떠올랐습니다. 아마 그들은 외부의 도움을 손길을 바라며 구출의 아침이 올 것을 기다렸을 것입니다. 이때 텅 빈 가슴에 호수(湖水)처럼 밀려와서 꽉 차는 감정(感情)이 있는데, 공포, 존재(存在)의 공포 또는 죽음에의 공포가 그런 것입니다. 물끄러미 어둠을 응시하면서 생각하고 또 생각해 보는 것은 자기의 생과 사(死)뿐입니다. 그 순간 밖에서 애타게 구출을 기다리는 가족들의 눈과 마음에서는 피눈물이 흐를 것입니다.

그럼에도 불구하고 경제적 논리로 따지면, 이런 구조 활동은 낭비가 아닐 수 없습니다. 동굴 속에 갇힌 이들은 태국의 이름 없는 유소년 죽구팀입니다. 유럽의 '레알 마드리드'나 '맨체스터 시티'와 같이 소속된 선수들의 몸값이 수천억 원이 넘는 프로축구팀이 아닙니다. 그러므로 태국의 이름 없는 유소년 축구팀을 구출하기 위해서 천여 명의 인력과 수많은 재정을 투입하는 것을 경제적 논리로는 설명할 수도 이해할 수도 없습니다.

사람의 생명은 경제적 논리로 따질 수 없다는 것을 우리 모두가 잘 알고 있습니다. 특히 예수님께서는 "사람이 만일 온 천하를 얻고도 제 목숨을 잃으면 무엇이 유익하리요 사람이 무엇을 주고 제 목숨과 바꾸겠느냐"(마 16:26)라고 하시며, 천하보다 한 사람의 생명이 더 중요함을 강조하십니다. 그러므로 사람의 생명을 이른바 '몸값'이나 '효용성'으로 따질 것이 아닙니다. 그리고 수명의 한계가 있는 이 땅의 육체적 생명이 이처럼 중요하다면, 영원의 세계를 살아갈 영적 생명은 얼마나 더 중요하겠습니까? 그래서 예수님은 또한 잃은 양 비유에서 "작은 자 중의 하나라도 잃는 것은 하늘에 계신 너희 아버지의 뜻이 아니니라"(마 18:14)고 분명하게 말씀하셨습니다.

천관웅씨가 작사·작곡한 '밀알'이라는 CCM 찬양이 있습니다. 그 가사의 내용을 보면 다음과 같습니다.

"길 잃어 찬양을 찾아 마음 상해 이리저리 헤매이는

한 영혼 찾아 아파하는 예수님 마음 내게 주옵소서
십자가 온 세상 위해 그 희생 눈물로 그 길 가게 하소서
생명이 또 다른 생명 낳고 주님 볼 수 있다면
나의 삶과 죽음도 아낌없이 드리리"

교회는 하나님의 뜻대로 부름 받아, 하나님의 뜻을 실천하는 사람들의 공동체입니다. 그리고 작은 자 하나라도 잃어버리지 않는 것이 하나님의 뜻이기 때문에 작은 자 하나라도 찾아서 주님께 돌아오도록 인도하는 것이 교회의 사명입니다. 이런 점에서 '영혼 구원'은 교회의 많은 사역들 중의 하나가 아니라, 교회의 본질입니다. 교회의 예배와 교육과 교제 등의 모든 사역과 활동은 물론 그리스도인의 삶은 '영혼 구원'이라는 궁극적 목적을 성취하는 데에 기여해야 합니다. 그래서 교회는 본질적으로 '선교적 교회(missional church)'입니다.

STEP5
삶으로 살아내기
Living with Life
2018년 6월 25-26일 이틀간 연세대학교에서 열린 〈2018년 미래교회 콘퍼런스〉에서는 "'탈교회' 시대의 선교적 교회"라는 주제로 열띤 강연과 토론을 벌이며, 미래의 교회는 선교적 교회(missional church)라는 교회의 본질적 정체성을 회복하고 구현하는 방향으로 나가야 함을 강조하였습니다. 선교적 교회론에 대해서는 앞으로 기회가 되는 대로 조금씩 나누겠지만, "사람을 살리고, 사람을 세우는 교회"라는 우리 신양교회의 근본정신과 정체성 또한 선교적 교회의 관점에서 이해하고, 보다 충실히 구현할 수 있습니다.

이를 위해서는 가장 먼저 '한 영혼이 전부입니다'라는 대명제를 잊지 말아야 하겠습니다. 그리고 우리도 그러한 '한 영혼'임을 기억합시다. '생명의 복음'을 전하는 우리 신양교회의 모든 성도님들의 삶이 상처 입은 수많은 영혼을 주님께로 인도하는 감동적인 구원의 스토리를 담아내길 소망합니다.

우리는 한 영혼을 위해서라면 어떤 대가라도 치를 수 있어야 합니다.

신양교회의 담임목사로서 천하보다 귀한 '한 영혼'인 교우 여러분들을 섬기게 되어 기쁘고 감사합니다. 아직 이름과 얼굴을 다 알지는 못하지만 귀한 성도 여러분 한 분 한 분을 주님의 이름으로 축복합니다.

[영혼을 사랑하는 마음을 구하는 기도]
천하보다 귀한 영혼을 사랑하고 그 영혼의 구원을 위해 내가 할 수 있는 것들을 적어 보고 기도로 마무리합시다.

**5스텝
52주QT 44**

연합(Confederation)
함께 할 때 큰 일을 할 수 있습니다

**STEP1
말씀 읽기**
Reading Bible

한 사람이면 패하겠거니와 두 사람이면 맞설 수 있나니 세 겹
줄은 쉽게 끊어지지 아니하느니라(전도서 4장 12절)

**STEP2
마음 닿기**
Mind-Touching

어느 날 장님 한 사람과 절름발이 한 사람이 아주 험한 길에
동시에 도착하였습니다. 그때 장님이 절름발이에게 자기를
좀 도와 달라고 부탁했습니다. 그러자 절름발이가 대꾸합니다.

"내가 어찌 당신을 도와줄 수 있습니까? 내 다리도 끌고 가기 힘든 지경인데"

그러면서 절름발이는 이런 제안을 했습니다. "만일 당신이 나를 업고 간다면, 난
당신에게 장애물을 일러줄 수 있소. 그러면 내 눈이 당신의 눈이 되고, 당신의 발
이 내 발이 되는 거요."

"기 좋은 생각이오. 서로 도와야겠구려."

그러면서 장님은 절름발이를 등에 업었습니다. 그리하여 둘은 그 험한 길을 안전
하고 편안하게 통과할 수 있었습니다.   (출처: 네이버 블로그 '한나')

**STEP3
돌아보기**
Check-In

Q 연합이 무엇이라고 생각하나요?

A 연합의 의미를 생각해 보고 그 장점과 단점을 간단히 적어 봅시다.

**STEP4
수용하기**
Acceptance

생각은 힘입니다. 아이디어 하나로 세상의 중심에 선 이들이
많이 있습니다. 창조적인 아이디어 하나가 세상을 바꿉니다.

고정관념을 바꾸고 의식을 전환해보면 보이지 않던 것도 보이게 됩니다. 무슨 일
이든 혼자 하고자 하는 생각만 바꾸어도 인생을 풍요롭게 살 수 있습니다.

작은 나뭇가지 하나는 누구나 부러뜨릴 수 있지만 백 개가 모아진 나뭇가지는 쉽

게 부러지지 않습니다.

아무리 큰 나무라도 홀로 서 있으면 숲은 될 수 없습니다. V자형으로 날아가는 철새는 한 마리씩 따로 이동할 때보다도 71% 정도 빨리 날아갈 수 있다고 합니다. 두께가 2인치, 폭 4인치의 각목 하나가 지탱할 수 있는 최대의 하중은 167kg이고 두 개가 따로 사용되면 334kg을 지탱할 수 있답니다. 그런데 똑같은 각목 두 개를 접착제로 붙여 사용하면 최대 하중이 2,212kg이나 된다고 합니다. 무려 1,878kg이나 차이가 납니다. 자동차는 약 2만 여개의 부속품으로 이루어져 있습니다. 2만여 개의 부속품이 하나처럼 맞물려 돌아갈 때 비로소 자동차는 움직일 수 있게 됩니다.

유럽에서 활동하는 우리나라 축구선수 중에 손흥민 선수가 골을 많이 넣고 있습니다. 가끔 축구경기를 볼 때마다 기분이 좋습니다. 유럽은 축구 선진국이라 축구 잘하는 선수를 많이 보유하고 있습니다. 문제는 아무리 잘하는 선수라도 개인 플레이를 하면 팀이 승리하는 데 큰 도움이 안 된다는 사실입니다. 대부분 유명한 감독들은 팀플레이를 강조하고 있습니다. 스포츠는 협력이 최상의 플레이입니다. 축구는 연결의 스포츠이기 때문입니다. 연결이 끊어지면 의욕과 원기를 잃고 결국, 경기에서 지게 됩니다. 사람들은 협력하면 양쪽 모두에게 이익이 된다는 걸 알면서도 팀플레이보다는 개인플레이를 하려고 합니다.

한 연구소의 조사에 따르면 한국은 OECD 회원국 가운데 4번째로 사회 갈등이 심각한 나라라고 합니다. 이를 해소하기 위해 해마다 1인당 국내총생산의 27%의 손해를 보고 있다고 합니다.

함께 살고 나누며 살고, 서로에게 도움을 주며 챙겨주는 것이 좋은 삶인 줄 알지만, 막상 이해타산 앞에서는 팀보다는 자신을 생각하며 갈등과 대립 그리고 분쟁으로 공동체를 무너뜨리는 사람들이 있습니다.

그렇다면 공동체 안에 유대감을 통한 갈등을 해결하기 위해 필요한 것은 무엇일까요? 공동체 갈등은 바로 자기 입장만을 주장하기 때문에 생깁니다. 그러기에 서로의 의견을 들어보려고 애쓰는 것이 필요합니다. 또한, 공동체 의식을 통한 함께함의 즐거움을 나누어야 합니다.

성경은 말합니다.

"한 사람이면 패하겠거니와 두 사람이면 맞설 수 있나니 세 겹 줄은 쉽게 끊어지지 아니하느니라"(전 4:12).

아프리카 격언에 "빨리 가려면 혼자 가고, 멀리 그리고 오랫동안 가려면 함께 가라"는 말이 있습니다. 숲은 큰 나무로 하나로 이루어지는 것이 아닙니다.

혼자서 잘하는 것보다 같이 잘해야 합니다. 교회 공동체의 모든 성과나 열매는 어느 누구 혼자 잘해서가 아니라 많은 봉사자들이 함께 협력을 했기 때문입니다. "숨은 봉사자들의 협력"은 기적을 이루어 낼 수 있습니다. 그렇습니다. 혼자서 낼 수 있는 성과는 작습니다. 함께 할 때 우리는 큰일을 할 수 있습니다.

지금 우리에게 필요한 것은 공동체 의식입니다. 연합하여 합력하여 선을 이루는 기지를 발휘해야 합니다. 그리할 때 세상을 향한 하나님의 선한 영향력을 발휘할 수 있습니다.

[연합을 지향하고 결단하는 기도문]

모든 공동체는 함께 할 때 힘과 열매를 낼 수 있습니다. 내가 속한 공동체, 특히 교회에 협력하고 연합할 수 있도록 섬기는 마음과 적극적인 자세를 구하는 기도문을 간단히 적어 봅시다.

5스텝 52주QT **45** 사랑의 공동체(Community of Love)
그들은 서로 사랑하고 있습니다

STEP1
말씀 읽기
Reading Bible

34 새 계명을 너희에게 주노니 서로 사랑하라 내가 너희를 사랑한 것 같이 너희도 서로 사랑하라 35 너희가 서로 사랑하면 이로써 모든 사람이 너희가 내 제자인 줄 알리라(요한복음 13장 34-35절)

STEP2
마음 닫기
Mind-Touching

A.D. 133년경에 철학 교사이자 비그리스도인이었던 아리스테이데스(Aristeides)는 로마의 하드리안 황제에게 「기독교를 위한 변증서」를 다음과 같이 제출했습니다.

"그리스도가 죽임을 당하고 장사되었습니다. 그분을 따르던 자들은 예수께서 삼일 후에 살아나서 하늘로 올라가셨다고 말합니다. 황제시여, 지금 기독교인들은 그들 마음에 새겨진 예수 그리스도의 명령을 준행하면서 죽은 자의 부활과 다가오는 세상에서의 영원한 생명을 갈망하고 있습니다. 그들은 간음을 범하지 않으며, 거짓 증언도 일절 하지 않습니다. 그들은 재물을 모으는 것을 부정하지 않으며, 다른 사람의 재산을 탐내지도 않습니다. 그들은 부모를 공경하며 이웃을 사랑합니다. 그들은 공정한 입장에서 판단합니다. 그들은 인간의 형태를 하고 있는 우상을 섬기지 않습니다. 그들은 자기들이 하지 않을 일을 다른 사람들에게 강요하지 않습니다. 그들은 자기들에게 해를 끼치려 하는 자들의 친구가 되어줍니다. 그들은 원수 된 자들의 유익을 위해 힘씁니다. 그들은 종이나 하녀, 자녀들에게 사랑을 베풀어줌으로써 그들이 기독교인이 되도록 설득합니다. 종이나 하녀가 신앙을 받아들이고 기독교인이 되면, 그들은 아무런 차별 없이 종이었던 자를 형제라고 부릅니다. 그들은 과부를 멸시하지 않으며, 고아의 마음을 아프게 하지 않습니다. 그들은 나그네를 보면, 그를 자기 집으로 데리고 가서 마치 친형제라도 되는 것처럼 그를 대접합니다. 왜냐하면 그들은 하나님 안에서 육신의 일이 아닌 영적인 일을 추구하는 자신들을 형제라 부르기 때문입니다. 그들은 신앙의 형제 가운데 누군가 감옥에 갇히거나 구세주 이름으로 인해 핍박받고 있다는 소식을 들으면 그들 모두는 어려움에 처한 사람의 필요를 채워주고 그가 옥에서 풀려날 수 있도록 모든 힘을 기울입니다. 그들 가운데 가난한 사람이 있고, 그들의 형편도 그리 좋지 못하다면 그들은 이틀이나 삼일을 금식해서 아낀 양식들을 자기보다 더 가난한 자들에게 베풀어줍니다. 그들은 그리스도를 위하여 언제라도 생명을 내어놓을 준비가 되어 있습니다. 황제여, 그들은 서로 사랑하고 있습니다." (미래교회학자인 레너드 스윗의 「나를 미치게 하는 예수」에서)

교회의 핵심 가치는 바로 '사랑'입니다. 우리 교회는 예수 사랑, 이웃 사랑, 나라 사랑, 교회 사랑의 캐치 프레이즈를 가지고 사랑의 공동체를 구현합니다.

STEP3 돌아보기 Check-In

Q 위의 아리스테이데스(Aristeides) 변증문에서 스스로 실천하고 있는 것은 얼마나 될까?

A 실천하고 있는 것, 실천하지 못하는 것을 정리해 보고 실천에 옮겨야 될 것들을 리스트로 적어 봅시다.

STEP4 수용하기 Acceptance

눈에 보이지 않지만 소리 없이 강한 코로나-19 바이러스로 우리는 아직 움츠려 있습니다. 움츠려 있으니 그에 대한 두려움이 커 보입니다. 그래서 집 안에 머물기를 택합니다. 아무것도 하지 않습니다. 음식을 시켜 먹기도, 택배로 물건을 주문하는 것도 걱정스럽습니다. 병원에 가거나 사람들을 만나는 것도 때로 무섭습니다. 어떤 일이 어떻게 벌어질지 모르니 서비스가 필요한 가전제품은 사용하지 않기로 합니다. 아이를 둔 가정이나 기저질환이 있거나 연세가 많으신 어른들의 경우는 더욱 조심스럽습니다. 아직 안심할 단계가 아니기 때문입니다. 전문가들은 쉽게 종식될 거라고 하지 않습니다. 오히려 변종을 이야기하거나 그 기세가 더할 수도 있다고 합니다.

그런데 말입니다, 만약 계속해서 코로나-19 바이러스를 의식하고 살아가야 한다면 어떻게 사는 것이 주님 보시기에 좋은 모습일까요? 혹시 우리가 종종 입버릇처럼 말하는 내용들 즉 부모님께 좀 더 잘해 드릴 것을, 학교 다닐 때 공부 좀 열심히 할 것을, 그때 용기를 냈더라면 어땠을까, 좀 더 이해하고 품었더라면... 하는 후회의 마음을 기억한다면 용기 있게 지금 시작하는 것은 어떨까요? 조심스럽긴 하나, 지금 내가 해야 할 일을 한다는 심정으로 한 발 짝만 띠게 되면 우리 삶은 기회가 될 것입니다. 우리의 일상에 대해 방역조치를 잘하고 주의하면 우리가 살아가는 현재의 삶은 더 풍요로운 미래를 준비하는 길이 될 것입니다.

주님의 말씀인 성경대로 살았던 서두의 그리스도인들에게 고난과 역경과 피곤함과 지친 일상이 없었던 것은 아닙니다. 오히려 그런 상황에 대해 수용하고 주님의 도우심을 구하며 믿음으로 살았던 그들에게서 우리의 나아갈 바를 찾게 되는 은혜가 있기를 바랍니다.

그러기 위해 우선, 성령께서 우리를 이끌어 주시도록 맡겨드리면 좋겠습니다. 둘째로 그 이끄심 따라 서로 사랑하는 일을 시도해 봅시다. 우리 주님의 고난당하심과 죽으심, 부활과 다시 오실 약속을 고대하는 성도들답게 예수님처럼 살아봅시다. 서로에 대한 안부도 나눕시다. 거리를 두고 얼굴도 확인합시다. 구역의 어르신들과 아기를 돌보는 젊은 부부들, 그리고 요양원이나 병원에 입원 치료 중인 성도들과 자녀들의 염려로 교회 나오지 못하고 있는 성도님들에게 전화를 걸어 안부를 물읍시다. 문자나 카톡을 보내 보고 싶다고 말합시다. 우리가 받은 사랑을 기억하며 사랑을 고백합시다.

STEP5
삶으로 살아내기
Living with Life

마지막으로, 기도하는 일을 쉬지 맙시다. '하나님의 말씀과 기도로 거룩하여진다'(딤전 4:5) 하셨으니 말씀과 기도로 무장하여 이 세대에 예수님의 제자다운 거룩함을 나타냅시다. 예수님 닮은 구별된 삶을 보이며 지금 이 시기에도 전도인의 사명을 감당하는 예수의 제자로 다시 일어납시다. 주님께서 우리에게 주시는 말씀입니다.

"새 계명을 너희에게 주노니 서로 사랑하라 내가 너희를 사랑한 것 같이 너희도 서로 사랑하라 너희가 서로 사랑하면 이로써 모든 사람이 너희가 내 제자인 줄 알리라"(요 13:34-35)

[사랑의 실천을 구하는 기도]
위에 정리한 목록을 기도문으로 정리하여 기도하며 실천의 의지를 다져봅시다.

5스텝 52주QT 46

하나님께 영광(Glory to God)
교회는 하나님의 영광을 위해 세워지는 공동체입니다

STEP1 말씀 읽기 Reading Bible

그러므로 그리스도께서 우리를 받아 하나님께 영광을 돌리심과 같이 너희도 서로 받으라(로마서 15장 7절)

STEP2 마음 닿기 Mind-Touching

18세기 초 영국의 유명한 건축가 크리스토퍼 우렌 경이 성 바울의 대성전을 건립하게 되었습니다. 한 번은 공사가 한창 진행되고 있을 때에 크리스토퍼 우렌 경은 평복을 입고 공사 현장을 혼자서 시찰을 하였습니다. 우렌 경이 여기저기를 돌아보는 중에 석수(石手)들이 일하는 곳으로 가서 한 석수에게 "당신은 지금 무엇을 하고 있습니까?"라고 묻자, 그 석수는 아무런 표정 없이 "아침부터 저녁까지 6자 길이 3자 폭의 돌기둥을 깎고 있습니다."라고 대답합니다. 우렌 경은 다른 석수에게 똑같이 질문하자, 그 석수는 아니꼽다는 눈초리로 힐끗 쳐다보더니 하는 말이 "입에 풀칠하기 위해 하루 종일 이짓을 합니다."라고 투덜댔습니다. 우렌 경은 또 다른 곳에 가서 어느 석수에게 똑같은 질문을 하자, 그 석수는 웃는 표정으로 낯선 신사를 바라보면서 "선생님, 보시는 대로 이렇게 부족한 사람이 세계적으로 유명하신 우렌 경의 지휘 밑에서 성 바울의 성전을 짓는데 동참하게 되었으니 얼마나 감사한지 모르겠습니다."라고 했답니다.

교회는 하나님의 영광을 위해 살아가는 믿음의 공동체입니다. 당신은 교회를 통해 하나님의 영광을 잘 드러내며 살고 계십니까?

STEP3 돌아보기 Check-In

Q 하나님께 영광 돌리는 삶에 대해 생각해 봅시다.

A 동일한 석수들이지만 생각하는 바가 다릅니다. 스스로에게 질문하며 하나님께 영광이 되기 위한 마음가짐 세 가지 정도 적어 봅시다.

지나온 시간들을 되돌아보면 하나님의 은혜가 아닌 것이 없었습니다. 고난과 시련이 없었던 것도 아니었습니다. 그럼에도 우리는 하나님의 교회를 든든히 세워 나가며 여기까지 왔습니다. 이 모든 것이 분명 하나님의 은혜입니다. 우리 교회는 구원의 감격을 경험하는 예배를 통해 예배적 삶을 지향하고 있습니다. 우리 교회는 지역과 소통하며 하나님의 나라를 위해 많은 사역들을 감당했고, 지금도 감당하고 있습니다. 그러면서 앞으로 신양 교회가 어떠한 모습으로 지역을 품으며, 시대적 사명을 감당해야 할 것인가에 대한 고민을 하지 않을 수 없습니다. 그리고 여기에 우리 신양 공동체는 어떤 마음의 태도로 이 길을 함께 걸어가고자 하는지 궁금해졌습니다.

지금 여러분의 눈에 비친 우리 교회의 모습은 어떠한 모습인가요? 팀 체스터와 스티브 티미스가 쓴 [교회다움]이라는 책이 있습니다. 부제로는 '교회를 교회답게 하는 두 가지 중심' 입니다. 책의 내용은 아주 간단명료합니다. 교회다운 교회는 복음의 말씀과 복음의 공동체라는 두 기둥을 중심으로 세워져야 한다는 것입니다. 이 책은 교회가 붙들어야 할 가장 본질적인 메시지를 제시합니다. 그것은 '복음과 공동체 안에서만 진정한 그리스도인의 정체성이 회복된다.' 는 것입니다. 그런데 지금 세상은 아니 우리 안에서 조차도 '교회가 교회답지 못하다' 는 말을 종종 합니다. 그 이유가 무엇일까요? 우리의 삶과 우리의 모임이 복음을 선명하게 보여주지 못하기 때문 아닐까요?

전(前) 숭실대 총장인 한현수 교수가 기독공보에 '교회다움' 이라는 논단을 게재했습니다. 내용은 다음과 같습니다.

'교회다움' 이란 말에서 사람들은 무엇을 떠올릴까? 교회를 다니며 예수를 아는 사람들은 뭐라 생각하고, 교회를 전혀 모르는 사람들은 무엇을 생각해 낼까? 사전에서는 교회를 '예수 그리스도를 주(主)로 고백하고 따르는 신자들의 공동체' 로 정의한다. 그래서 교회를 아는 이라면 교회다움을 '예수를 제대로 따르는 모습' 이라 정의할 수 있지 않을까 싶다. 그렇다면 교회를 모르는 세상 사람들은 교회다움에 대해 무엇을 연상할까? 놀랍게도, 교회를 모르며 교회를 다니지 않는 사람들도 교회다움이란 '예수의 가르침을 제대로 실천하는 모습' 이라 생각한다. 이는 이 사회가 교회를 바라보며 기대하는 것이 교회가 가져야 할 본연의 모습과 조금도 다르지 않음을 의미한다.

교회가 세상의 근심이 된 것을 너무나 가슴 아프게 생각하며 물어본다. "왜 교회에서 교회답지 못한 일들이 생기는가?" 답은 간단하다. 예수 그리스도를 주로 고백하고 따르는 신자들의 공동체인 교회가 예수님을 기쁘게 하는 일보다 자신을 기쁘게 하는 일을 우선하기 때문이다. 예수님께 칭찬받는 것보다 세상이 주는 명예로 치장하는 것을 더 소중히 생각하기 때문이다. 교회가 가진 것을 세상과 나누기보다는 교회 안에서 우리끼리 나누어 왔기 때문이다.

'교회다움'은 우리의 만족과 우리의 기대가 아니라 하나님의 비전과 하나님의 마음으로 가능합니다. 교회의 본질을 회복하는 것! 바로 그것이 '교회다움'입니다. 하나님과 같은 곳을 바라보며, 하나님의 방식대로 일할 때, 교회를 세상의 소망으로 바라볼 것입니다.

고린도전서 1:10절을 보면 "형제들아 내가 우리 주 예수 그리스도의 이름으로 너희를 권하노니 모두가 같은 말을 하고 너희 가운데 분쟁이 없이 같은 마음과 같은 뜻으로 온전히 합하라"고 권면합니다.

교회가 예수 그리스도를 중심으로 한 마음과 한 뜻을 가지고 같은 방향으로 나아갈 때 하나님의 기쁨이 되는 공동체가 될 것입니다.

STEP5 삶으로 살아내기 Living with Life

지금까지 지나온 교회의 발자취를 보면 모든 것이 하나님의 은혜였습니다. 이제 이 은혜에 잇대어 앞으로 100년 앞을 바라보며 하나님의 웅대한 뜻을 이루어 드리는 교회가 되고자 합니다. 우리의 시선을 넘어 하나님의 시선으로 우리 교회를 바라보며 간절히 기도해 봅니다. "모든 것이 하나님의 은혜입니다. 하나님의 영광을 위해 교회가 교회 되게 하소서!"

[하나님께 영광을 돌리는 교회다움을 위한 기도]
교회의 '교회다움'은 하나님의 뜻을 행하는 것입니다. 직분과 사명을 통해 하나님께 영광 돌릴 수 있도록 다짐하는 기도문을 정리해 보고 기도합시다.

5스텝
52주QT **47**

하나님의 열심(God's Zeal)
오늘을 성실히 살자!

STEP1
말씀 읽기
Reading Bible

[그 정사와 평강의 더함이 무궁하며 또 다윗의 왕좌와 그의 나라에 군림하여 그 나라를 굳게 세우고 지금 이후로 영원히 정의와 공의로 그것을 보존하실 것이라 만군의 여호와의 열심이 이를 이루시리라 (이사야 9장 7절)

STEP2
마음 닿기
Mind-Touching

어느 건축회사에 언제나 불평을 일삼지만 아주 유능한 건축가가 있었습니다. 어느덧 세월이 흘러 정년퇴직이 가까웠습니다. 하루는 사장이 이 건축가를 부르더니 마지막으로 부탁을 했습니다.

"그동안 고생이 많았소. 마지막으로 최고로 멋진 집을 한 채만 부탁하오"

건축가는 마지막까지 부려먹으려는 사장이 야속했습니다. 그래서 이 마지막 집을 정성을 들이지 않고 대충대충 엉성하게 지었습니다. 집이 완성되자 사장이 그를 불렀습니다. 그리고 그가 마지막으로 지은 집으로 그를 데리고 갔습니다.

"정말 수고했소. 이 집은 그동안 당신의 노고에 조금이라도 보답하려는 뜻에서 당신에게 선물로 주는 것이오"

"종들아 모든 일에 육신의 상전들에게 순종하되 사람을 기쁘게 하는 자와 같이 눈가림만 하지 말고 오직 주를 두려워하여 성실한 마음으로 하라"(골 3:22)

(출처: 다음 카페 '온라인 번역')

STEP3
돌아보기
Check-In

Q 스스로 판단하기에 성실한지, 게으른지 생각해봅시다.

A 성실한 이유와 게으른 이유를 두 세가지 정도 정리 해 봅시다.

우리 국민들이 가장 바라는 새해 소망 1위 2위가 건강과 행복이었습니다. 행복한 삶, 건강한 삶에 대해 생각하는 동안 카톡으로 문자가 왔습니다. 새해 설 인사로 많은 복이 배달되어 왔습니다. 그중에 마음에 남는 것이 있습니다.

아직 열어보지 않은 '하루' 라는 선물이 도착했습니다. 포장을 푸는 순간 기쁨이 가득한 하루가 되었으면 좋겠습니다. 행복하세요. 건강하세요.

나의 내면 속에도 행복, 건강이라는 단어가 자리 잡고 있음을 느꼈습니다. 아직 열어보지 않은 '하루' 라는 선물 속에 감춰진 보화는 오늘을 성실히 사는 자에게 주어지는 것이라고 여겨집니다.

21세기의 노스트라다무스라고 불릴 만큼 유명한 조지 프리드먼(George Friedman) 있습니다. 그는 국제정세 분석가요, 미래 예측가로서 아주 예리하고도 냉철한 이성적 사고를 바탕으로 다양한 정보와 지정학적 분석을 통해 세계 유수 나라들의 미래를 예측하고 있습니다. 「21세기 미국의 패권과 지정학」의 저자인 피터 자이한은 그의 제자 격으로 볼 수 있습니다.

조지 프리드먼은 그의 책 「100년 후」(Next 100 Years, 김영사, 2010년)에서 단적으로 향후 100년은 미국의 시대가 계속 진행된다고 이야기하고 있습니다. 21세기의 사건은 미국을 중심으로 돌아가게 된다는 말입니다. 많은 사람들이 미국이 저물 것이라고 이야기하지만 오히려 미국은 이제 막 발흥(發興)하기 시작했다는 것입니다.

그는 유럽, 러시아, 중국 등은 저물 것으로 전망하고 있으며, 이슬람 국가들은 대변동이 일어날 것인데, 터키 같은 경우가 부상할 것으로 예측하고 있습니다. 또한 폴란드의 부상과 그 이후 미국과의 갈등을 언급하고, 아시아에서의 일본의 급부상을 언급하면서 후일 미국과 일본이 갈등을 일으키는 시대가 올 것을 전망하고 있습니다. 그러한 갈등은 우주에서의 전쟁으로 시작되어 결국 미국이 승리할 것을 예측하고 있습니다. 또한 멕시코의 부상에 대해서도 언급하고 있습니다.

미국이 21세기를 장악하고 지배하게 되는 근거로 지정학적 위치와 더불어 대서양과 태평양에 있어서 막강한 해군력이 그것을 뒷받침한다는 것입니다. 또한 우주 개발에 있어서 타의 추종을 불허하는 장악력을 언급합니다. 그리고 신생에너지 개발 및 컴퓨터와 로봇 산업의 발달을 근거로 들고 있습니다. 뉴욕타임스를 비롯한 세계 유수한 신문과 저널들은 프리드먼을 상당히 높게 평가하고 있습니다.

프리드먼의 미래 예측은 나름대로 참고할 만한 가치가 충분하다고 생각합니다. 그것은 그저 하는 이야기가 아니라 과거를 살펴보면서 풍부한 자료를 가지고 현재 속에서 미래를 전망하고 있기 때문입니다. 그렇지만 전적으로 맹신하는 것은 경계해야 할 것입니다. 왜냐하면 미래는 아직 오지 않은 세상이기 때문입니다.

미래에 있어 가장 확실한 사실은 미래는 불확실하다는 것입니다.

무엇보다 하나님의 백성은 이러한 미래 예측서나 역사와 관련된 책이나 자료들을 부단히 연구하고 공부하되 하나님의 말씀이 전적으로 진리임을 잊지 말아야 합니다. 하나님께서는 전도서 기자를 통해 "사람이 장래 일을 알지 못하나니 장래 일을 가르칠 자가 누구이랴"(전 8:7)고 말씀하고 있습니다.

무엇보다 하나님께서는 "장래 일을 내게 물으며 또 내 아들들과 내 손으로 한 일에 관하여 내게 명령하려느냐 내가 땅을 만들고 그 위에 사람을 창조하였으며 내가 내 손으로 하늘을 펴고 하늘의 모든 군대에게 명령하였노라"(사 45:11-12)고 말씀하십니다. 장래 일은 하나님께 묻는 것이 가장 확실한 것입니다.

STEP5
삶으로 살아내기
Living with Life

특별히 성경적 역사관, 기독교적 역사관은 수직적인 역사관입니다. 곧 시작이 있고 과정이 있고 끝이 있습니다. 이에 성경적 역사관을 제대로 공부하는 것이 중요합니다. 앞으로 어떤 많은 일들이 일어날지 아무도 모릅니다. 그렇지만 중요한 사실은 오늘을 충실하게 살아감으로 지나가는 날들이 아름다운 과거로 남게 되고 다가올 미래가 소망으로 가득 차게 된다는 사실입니다. 특히 하나님의 자녀들에게는 더욱 그러합니다.

[주님 앞에서 더욱 충성되고 성실한 삶을 살기를 구하는 기도]

매일매일의 성실함이 의미 있는 미래를 만들어냅니다. 미래는 오늘 스스로 주님 앞에 성실하며 온전하게 사는 기도의 사람들에게서 예측됩니다. 미래를 결정하는 성실한 삶을 달라고 주님 앞에 기도하며 그 기도문을 적어 봅시다.

5스텝 52주QT 48

감사의 고백(Confession of Thanks)
대림절을 돌아보는 믿음

STEP1
말씀 읽기
Reading Bible

집에 들어가 아기와 그의 어머니 마리아가 함께 있는 것을 보고 엎드려 아기께 경배하고 보배합을 열어 황금과 유향과 몰약을 예물로 드리니라(마태복음 2장 11절)

STEP2
마음 닿기
Mind-Touching

감사하게도 우리 교회 윤도현·이미옥 집사 가정에서 성탄의 의미를 함께 나누기 위해 예수님 탄생 조형물을 기증해주셨습니다. 윤집사님과 대화 중 이런 고백을 해 주셨습니다. "목사님, 제가 주님의 큰 은혜를 입었는데 어떻게 주님을 사랑하지 않을 수 있겠습니까? 이번 성탄은 좀 다른 차원에서 오고 가는 사람들에게 성탄의 의미를 전하고 싶습니다. 그래서 기도하던 중 성탄트리를 잘하는 제작자를 만났습니다. 제가 받은 축복을 더 많은 사람과 나누고 싶습니다." 그래서 우리 교회는 장로님들과 상의하여 2018년 12월 2일 주일 오후 예배를 드리고 전 교인들과 함께 점등식을 준비했습니다.

윤 집사님과 대화를 나누면서 이런 마음을 느꼈습니다. 가수로서 노골적으로 신앙인임을 밝히고 활동하는 일은 결코 쉬운 일이 아닙니다. 그래서 윤 집사님이 더욱 귀하게 여겨집니다. 그렇습니다. 은혜는 감사할 때 더 큰 힘을 발휘합니다. 그리고 그 은혜는 더 널리 전해집니다. 하늘에는 영광 땅에는 평화의 메시지가 울려 퍼지길 소망합니다. 그런데 교회뿐만이 아닙니다. 거리에 성탄 트리가 등장하고, 백화점, 호텔, 상가들에 성탄 장식이 수를 놓습니다. 연말연시 들뜬 마음과 어우러져 자칫 대림절이 겉치레와 분위기에 휩쓸릴 수 있습니다. 한 개인의 고백이지만 이렇게 주님을 기다리는 마음을 감사를 고백하고 받은 은혜를 주님 앞에 돌려드리고자 하는 마음이 진정한 대림의 계절이 아닌가 생각해 봅니다.

Q 나는 예수님께 받은 은혜를 감사하고 있는가? 그리고
또 내가 예수님께 드리고 싶은것은 무엇인가?

A 예수님께 받은 은혜를 한, 두 가지 적어 봅시다. 그리고 지금 내가 드릴 수
있는 것이 무엇이고, 앞으로는 무엇을 드릴 것인지 적어보고 실천해 봅시다.

전통적으로 교회는 독자적인 달력을 사용해 왔습니다. 교회
가 교인들의 신앙생활을 돕기 위해서 일반 달력과 다른 별도
의 달력을 만들어 사용해 온 것입니다. 이것이 바로 교회력입니다.

교회력(liturgical year)은 예수 그리스도의 생애와 구속을 사건을 중심으로 형성
된 달력으로, 예수 그리스도안에서 완성된 우리의 구원 역사를 매년 재현하는 교
회의 달력입니다. 교회력은 우리를 구원하신 예수님을 해마다 반복적으로 기억
하며 그리스도의 구속의 은총에 잇 된 삶을 살아가게 해줍니다. 그리고 그 시작
은 바로 대림절입니다.

대림은 예수님의 재림을 의미하며 우리는 예수님이 마음속에 재림하시기를 기다
립니다. 옛날부터 그리스도인들은 성탄을 준비하는 특별한 시기로 대림절을 지
내 왔습니다.

이 교회력은 일반 달력과 몇 가지 다른 점이 있습니다. 우선 달력의 짜임새가 다
릅니다. 일반 달력이 세상의 명절이나 기념일을 중심으로 짜여져 있습니다. 예를
들어 설, 추석, 국경일 등을 중심으로 한 해의 날짜를 배열해 놓았습니다. 이에 비
해 교회력은 교회의 절기를 중심으로 짜여져 있습니다. 부활절, 성탄절, 추수감
사절과 절기를 중심으로 한 해를 배열해 놓았습니다.

다음으로 달력의 시작이 다릅니다. 그레고리력이라 부르는 일반 달력은 1월 1일
부터 시작이 됩니다. 이에 비해 교회력은 대림절부터 시작이 됩니다. 그래서 대
림절, 성탄절, 사순절, 부활절 등으로 이어져 나갑니다.

교회력에서 한 해의 시작인 대림절은 교회가 주후 4세기경부터 지키기 시작했습
니다. 처음에는 성탄 4주 전부터 시작해서 예수 그리스도의 오심을 축하하고 감
사하는 성탄절을 준비하기 위한 절기였습니다. 그러다가 7세기 후반부터 예수 그
리스도의 초림 뿐 아니라 재림을 기다리는 절기로 그 의미가 확대되었습니다. 그
래서 이때부터 대림절은 성탄절을 준비하는 절기요, 다시 오실 그리스도를 기다
리는 절기가 되었습니다.

대림절(待臨節)이라는 말은 영어로는 '애드벤트'(Advent)라고 합니다. 이 말은
"오다", "도착하다"라는 뜻을 가진 말입니다.

원래 옛날 로마에서 황제가 즉위한 뒤에 그 나라의 주요 도시를 초두 순시할 때 쓰던 의전 용어였습니다. 즉 황제의 방문을 "그분의 방문"(His Advent)라고 했습니다. 그런데 초대교회 교인들은 예수님이야 말로 진정한 황제요, 유일한 주님이라고 생각했습니다. 그래서 예수님의 탄생을 "그분의 방문"(His Advent)라고 불렀습니다. 그 이후 예수님께서 이 땅에 탄생하신 그 절기를 대림절(Advent)이라고 부르게 됐습니다.

교회가 세상의 기준을 따르지 않고, 교회력을 사용하는 이유가 무엇입니까? 그것은 우리에게 오신 예수님의 구속 사역을 기억하며 고백하기 위함입니다. 기독교의 시작은 예수님께 소망을 둡니다. 그리고 기독교는 이 구원의 소망을 붙잡고 영적 순례의 길을 걸어갑니다.

결국 대림절은 진정한 왕이요 주님이신 예수 그리스도께서 이 세상에 오심을 기념하는 절기입니다. 그리고 다시 오실 예수 그리스도를 기다리고 준비하는 절기입니다.

예수 그리스도가 이 땅에 오신 그 이유를 분명히 고백하며 살아간다면, 우리가 준비하는 성탄은 좀더 의미있지 않을까 합니다.

STEP5
삶으로 살아내기
Living with Life

이제 이 대림의 계절은 교회력으로 새해가 시작되는 것입니다. 그래서 교회는 성탄 장식을 하고 본격적으로 대림절 분위기를 내게 됩니다. 우리는 이 시점에 차분하게 대림절의 의미를 되짚어보아야 하겠습니다. 그리고 우리 자신의 믿음을 돌아보아야 하겠습니다. 또한 우리의 대림절은 가만히 기다리는 것이 아니라 믿음을 고백하고 감사하는 '왕의 오심'에 능동적으로 준비하는 성도님들 되길 기도합니다. 그래서 기다림의 계절인 대림절이 성탄 하실 주님을 뵙고 위로와 복을 누리게 하는 은혜로운 절기가 되기를 바랍니다.

[오시는 예수님께 감사를 고백하는 기도문]
예수님의 탄생과 나의 삶이 감사의 고백으로 연결되길 기도합니다. 주님의 오심에 대해 감사의 기도문을 짧게 적어 봅시다.

V

새로운 시작

또 다시 희망을 품고

V. 새로운 시작 또 다시 희망을 품고

5스텝
52주QT **49**

기쁨의 기다림(Waiting for Joy)

대림절의 촛불

STEP1
말씀 읽기
Reading Bible

내가 이것을 너희에게 이름은 내 기쁨이 너희 안에 있어 너희 기쁨을 충만하게 하려 함이라 (요한복음 15장 11절)

STEP2
마음 닿기
Mind-Touching

옛날 어떤 임금님이 난리를 피해 잠시 피난을 가게 되었습니다. 워낙이 급한 상황인지라 임금님은 평복으로 갈아입고 가까운 신하 몇 명과 함께 몰래 도망을 해서 어느 시골로 숨어들었습니다. 어느 촌부의 집에 들어가 며칠 묵어가기를 청했습니다. 이 촌부가 묵어가기를 청하는 나그네들을 보니 첫눈에 보기에도 귀한 분들임이 분명해 아무 말도 묻지 않고 정성껏 대접을 잘했습니다. 상황이 바뀌어서 임금님이 환궁을 하게 되었습니다. 환궁한 다음에 생각하니 그 촌부가 너무 고마웠습니다. 무사히 난리를 피하게 해 주었으니 말입니다.

임금님은 그때 함께 했던 신하를 보내 이 촌부를 궁으로 불러들였습니다. 촌부가 불려 가 보니 자신이 대접한 분이 임금님이시니 얼마나 놀랐겠습니까? 임금님이 이 촌부에게 이렇게 말했습니다. "자네가 나를 도와주었으니 무슨 소원이든지 말하라. 딱 하나의 소원을 들어주마." 땅이든 벼슬이든 뭐든지 말하라고 했습니다. 그러자 촌부가 이렇게 아뢰었습니다. "아닙니다. 저는 바랄 것이 아무것도 없습니다. 다만 한 가지 청이 있을 뿐입니다. 며칠 후에 제 환갑날이 되는데 아이들과 함께 환갑잔치를 하기로 되어 있습니다. 그날 한 번 저희 집에 와 주십시오." 무슨 소원이든지 한 가지를 말하라 했으니 임금님이 거절할 수가 없었습니다. 임금님은 "그러지. 내가 자네 환갑날 자네의 집에 가겠네." 하고 약속을 하셨습니다.

임금님이 오시니 궁중의 많은 관리들이 이 촌부 집을 드나들게 되었고, 이 소문이 인근에 퍼지게 되었습니다. 임금님이 시골 촌부의 환갑잔치에 오신다는 말을 듣고, 주변의 실력깨나 있는 사람들이 이 촌부에게 얼마나 많은 예물들을 보내왔는지 이 촌부가 일거에 부자가 되었습니다. 예전에는 임금님이 한 번 오시기만 해도 굉장한 사건입니다. 임금님이 한 번 오신 것으로 이 촌부의 신분이 달라졌습니다. 임금님이 오셔도 그럴진대 하나님께서 오시면 어떤 일이 벌어지겠습니까? 하나님께서 우리를 찾아오시되 오직 예수 그리스도 안에서만 우리를 찾아오십니다. 다른 길은 없습니다. 이와 같은 놀라운 기쁨이 어디에 있겠습니까?

(출처: 다음 카페 / 프로페짜이 설교 모임)

STEP3
돌아보기
Check-In

Q 매년마다 오는 대림절이 기쁨과 감격이 있는지 돌아보고 만왕의 왕을 기다리는 마음을 다시 한번 점검해 봅시다.

A '마음 닫기'의 예화처럼 나의 집에 대통령이 온다면 얼마나 큰 영광이겠습니까? 그런데 나의 집, 교회, 나의 마음에 우주를 통치하시는 주님이 오심에 대해 감격과 감사, 기쁨으로 환영하는 글을 짧게 써 봅시다.

STEP4
수용하기
Acceptance

대림(강) 절(Advent)이란 예수 그리스도의 오심을 기다리는 절기입니다. 대림절(Advent)은 '옴', '도착'을 의미하는 라틴어 'adventus'에서 유래된 말입니다. 교회력의 시작은 대림절(Advent)로 부터 시작된다. 그러므로 대림절은 교회력으로는 신년이 되며 따라서 대림절 첫 째 주일이 신년 정월 초하루가 되는 것과 같습니다.

대림절은 12월 25일 전 네 주일에 걸쳐서 지켜집니다. 이때에는 전통적으로 대림절 촛불(Advent Candles)이 사용됩니다. 푸른 화환(wreath)에 5개의 초가 있어서, 매 주일 하나씩 켜져서 성탄일에는 가운데 있는 마지막 초에까지 불이 밝혀지게 됩니다. 각 초의 색깔과 의미는 다음과 같습니다.

대강절 첫째 주일의 초는 보라색(purple)으로서 소망의 촛불(Candle of Hope)입니다. 구약성서에 기록된 오실 메시아에 대한 예언의 말씀을 낭독하며 이 촛불을 밝힙니다. 하나님의 약속대로 오시는 예수 그리스도는 고난과 어두움에 처한 온 인류의 소망의 빛이 되심을 알리는 것입니다.

둘째 주일에 또 하나의 보라색 초를 밝힙니다. 이것은 준비의 촛불(Candle of Preparation)입니다. 또한 회개의 촛불이라 합니다. "너희는 주의 길을 준비하라 그의 오실 길을 곧게 하라"(막 1:3)라고 외친 세례 요한의 말씀을 따라 우리들의 교만과 죄를 회개하며 예수 그리스도를 맞이할 마음의 준비를 하며 회개하는 것을 의미합니다.

셋째 주일에는 분홍색(pink)으로 이것은 기쁨의 촛불 (Candle of Joy)입니다. 예수 그리스도의 탄생을 목자들에게 전한 천사들의 메시지는 기쁨의 소식이었습니다. "무서워하지 말라 보라 내가 온 백성에게 미칠 큰 기쁨의 좋은 소식을 너희에게 전하노라"(눅 2:10) 예수 그리스도의 오심은 고통과 슬픔에 싸인 인류에게 구세주를 만나는 큰 기쁨이 되는 것입니다.

넷째 주일의 초는 또다시 보라색 초를 밝히는데 사랑의 촛불 (Candle of Love)입니다. 예수 그리스도는 하나님이 우리를 사랑하셔서 보내 주신 가장 큰 사랑의 선물이기 때문입니다. "하나님이 세상을 이처럼 사랑하사 독생자를 주셨으니..." (요 3:16) 그의 오심은 죄인 된 우리들이 하나님과 화목하고, 서로 화평을 이루도록 자신을 대속의 제물로 바치기 위한 사랑의 행위임을 알리는 것입니다.

다섯째 초는 흰색(white)으로서 그리스도의 촛불(Christ Candle)입니다. 우리는 12월 25일, 성탄일에 이 마지막 촛불을 밝히면서 어두운 세상에 생명의 빛으로 오신 예수, 우리의 죄를 씻으시고 구원하시는 흠 없는 하나님의 어린양으로 탄생하신 예수 그리스도를 경배하며 온 세상에 알리는 것입니다. 이렇게 귀한 의미를 담고 있는 대림절의 촛불이 12월 2일 주일부터 밝혀졌습니다. 매 주일 촛불을 밝히면서 우리 삶에 찾아와 주신 예수 그리스도를 깊이 묵상할 수 있기를 바랍니다.

"내가 이것을 너희에게 이름은 내 기쁨이 너희 안에 있어 너희 기쁨을 충만하게 하려 함이라"(요 15:11)

STEP5
삶으로 살아내기
Living with Life

예수 그리스도 안에서 우리가 누리게 된 구원의 소망, 회개의 열매, 영생의 기쁨, 사랑의 충만으로 인하여 하나님께 감사하기를 빕니다. 뿐만 아니라, 가족과 이웃, 가난한 자와 간힌 자, 슬픔과 고통 가운데 있는 사람들에게 성탄의 기쁨을 선사하기 위해 카드와 선물, 행사와 음식을 준비하고 나눔으로써 예수님의 촛불이 꺼지지 않고 계속 내 가슴과 우리 가운데 타오르기를 기도합니다.

[대림의 기쁨을 이웃과 나누는 기도문]
대림과 성탄의 기쁨을 이웃과 나눌 수 있는 실천에 대해 생각하고 그 부분에 대해 간략히 기도문을 써 보세요.

V. 새로운 시작 또 다시 희망을 품고

<table>
<tr><td>5스텝
52주QT</td><td>50</td></tr>
</table>

적극적 기다림(Active Waiting)

그리스도인의 시간, 평화의 주님을 기다리는 시간

STEP1
말씀 읽기
Reading Bible

지극히 높은 곳에서는 하나님께 영광이요 땅에서는 하나님이 기뻐하신 사람들 중에 평화로다 하니라(누가복음 2장 14절)

STEP2
마음 닿기
Mind-Touching

네가 오기로 한 그 자리에
내가 미리가 너를 기다리는 동안

다가오는 모든 발자국은
내 가슴에 쿵쿵거린다.
바스락거리는 나뭇잎 하나도 다 내게 온다.
기다려본 적이 있는 사람은 안다.
세상에서 기다리는 일처럼 가슴 애리는 일 있을까.
네가 오기로 한 그 자리 내가 미리 와 있는 이곳에서
문을 열고 들어오는 모든 사람이
너였다가
너였다가
너일 것이었다가
다시 문이 닫힌다.
사랑하는 이여
이미 오지 않는 너를 기다리며
마침내 나는 너에게 간다.
아주 먼 데서 나는 너에게 가고
아주 오랜 세월을 다하여 너는 지금 오고 있다.
아주 먼 데서 지금도 천천히 오고 있는 너를
너를 기다리는 동안 나도 가고 있다.
남들이 열고 들어오는 문을 통해
내 가슴에 쿵쿵거리는
모든 발자국 따라
너를 기다리는 동안 나는 너에게 가고 있다.　　　　– 황지우의 '너를 기다리는 동안' –

돌아보기

Q 나의 삶에서 가장 간절히 기다렸던 것이 있다면 어떤 것일까요?

A 세 가지 정도의 기다렸던 경험을 적어보고 이유도 간단하게 써 보세요.

수용하기

바야흐로 기다림의 절기입니다.

교회력으로 한 해의 시작이 기다림으로 시작된다는 것이 매우 의미심장하게 다가옵니다.

장엄한 빛의 창조를 전한 창세기 기자가

"저녁이 되고 아침이 되니 이는 첫째 날이니라"(창 1:5)라고 말했던 것이 떠오릅니다.

아침이 활동을 위한 시간이라면 저녁은 돌아봄의 시간입니다.

우리가 해야 할 일도 물론 중요하지만 돌아봄 혹은 성찰이 인간의 근본이라는 말일까요?

우리는 지금 무엇을 기다리고 있나요

학생들은 방학을 기다리고, 산모는 태중의 아이와 만날 날을 기다리고, 수험생들은 합격 소식을 기다립니다. 거리에서 찬바람과 맞서야 하는 이들은 아침 해가 밝아오기를 학수고대합니다. 세상이 왜 이 모양이냐며 탄식하고 있는 이들은 새로운 세상이 도래하기를 기다립니다. 하지만 그런 세상은 저절로 오지 않습니다. 척박한 대지에 희망의 씨를 뿌리는 이들과 강고한 벽에 작은 틈이라도 만들기 위해 온 몸으로 부딪혀나가는 이들을 통해 옵니다. 애굽의 전제정치 아래 신음하던 히브리인들은 '젖과 꿀이 흐르는 땅'에 대한 소망을 품고 광야로 들어갔습니다. 먹을거리도 마실 물도 구하기 어려운 그곳에서 그들은 자유인으로 살기 위해서는 대가를 치러야 함을 배웠습니다.

오늘 우리가 고대하는 세상은 어떤 세상일까요? 테러와 전쟁이 사라지고, 빈곤과 질병으로 인해 고귀한 생명이 쓰레기처럼 버려지지 않는 세상, 사회적·인종적·종교적 차별이 사라지고 모든 사람이 각자에게 품부 된 생명의 몫을 온전히 살아낼 수 있는 세상이 아닐까요. 그런 세상을 바라고 기다리는 이들은 그런 세상을 지금 여기서 시작해야 합니다. 자기 속에 있는 미움과 차별과 탐욕을 지우고, 다른 이들을 존엄한 존재로 받아들여야 합니다. 하지만 현실은 어둡습니다. 부유함에 대한 관심이 인간에 대한 관심을 압도하고 있는 세상입니다.

시인 황지우의 '너를 기다리는 동안'은 기다림의 본질이 무엇인지를 우리에게 인상 깊게 보여줍니다.

기다리는 사람은 그 대상을 막연히 기다리지 않습니다.

그가 올 자리에 미리 가서 그를 맞이하려 합니다.

기다림은 그리움이기도 합니다.

그리움이란 어떤 대상이 온통 우리 마음을 차지하고 있는 상태입니다.

그리워하던 대상과 만날 수 있다는 기대는 우리를 들뜨게 만듭니다.

그렇기에 '다가오는 모든 발자국들'이 가슴에 쿵쿵거리는 겁니다.

시인은 '바스락거리는 나뭇잎/하나도 다 내게 온다'고 노래합니다.

그리움은 이처럼 사람을 예민하게 만듭니다.

그리워하는 이들은 온몸이 귀가 되어 어떤 기척에든 반응합니다.

기다림이 길어질 때는 초조함도 깊어집니다.

시인은 마침내 '기다림은 너에게로 가는 것'이라고 노래합니다.

주님을 기다리는 이들은 막연히 기다리는 사람들이 아니라, 그리움을 품고 주님이 오실 길을 닦는 사람입니다. 광야에서 외치는 소리였던 세례자 요한은 주님 오실 길을 닦는 것을 자기의 소명으로 삼았습니다. 높은 곳은 낮추고, 우묵한 것은 돋워주고, 구부러진 것은 바로 펴는 것이야말로 진정한 기다림의 자세입니다. 정말 주님 오심을 기다리고 계신지요?

STEP5
삶으로 살아내기
Living with Life

우리가 진정 주님을 그리워한다면 그분과 함께 만들어갈 세상에 대한 그림을 잘 그려야 합니다. 죄와 욕망으로 얼룩진 우리 마음을 깨끗이 해야 그 그림이 보일 겁니다. 우리를 깨끗게 하시고, 단련시키시는 주님의 은혜가 우리와 함께 하시기를 빕니다. 세상은 여전히 어지럽습니다. 그러나 세상을 구원하시는 주님이 오고 계십니다. 삶이 힘겨울수록 오시는 분에 대한 그리움을 품고 살아야 합니다. 주님을 기다리는 모든 이들에게 하늘의 평화와 기쁨이 임하시기를 빕니다.

[주님께 가는 나의 마음의 기도문]
주님께 가는 나의 마음은 어떤지 그것을 주님 앞에 사랑과 감사로 고백하는 기도문을 짧게 적어 보세요.

5스텝
52주QT **51**

진정한 평화(True Peace)
예수그리스도를 영접함으로 누리는 하나됨

STEP1
말씀 읽기
Reading Bible

지극히 높은 곳에서는 하나님께 영광이요 땅에서는 하나님이 기뻐하신 사람들 중에 평화로다 하니라(누가복음 2장 14절)

STEP2
마음 닿기
Mind-Touching

러시아의 작가 톨스토이는 원래 귀족 출신이었습니다. 그는 온갖 부귀영화를 누리며 살았습니다. 그러나 그는 인생의 참 만족을 얻지 못했고, 작품을 통해 수많은 사람들에게 갈채를 받았으나 죄에 대한 공포와 불안한 마음을 어찌할 수가 없었습니다. 그런데 하루는 그가 한적한 시골 길을 걸어가던 중에 순박한 시골 농부를 만나게 되었습니다. 그 시골 농부의 얼굴은 유난히도 평화로워 보였습니다. 톨스토이는 농부에게 가서 평화로운 삶의 비결이 무엇이냐고 물었습니다. 그러자 농부는 다음과 같이 대답했습니다.

"하나님을 의지하고 살기 때문이죠. 그래서 내 마음은 기쁨이 가득 차 있습니다."

그 말을 들은 톨스토이는 그날부터 진지하게 하나님을 찾기 시작했습니다. 결국 그는 하나님을 만나게 되었고, 그 후 그의 마음속에 들어차 있던 죄에 대한 불안과 공포는 사라져 버렸습니다. 작곡가 하이든이 세상을 떠나기 전에 작성한 50항목에 이르는 유서의 한 구절을 보면 이렇게 기록되어 있습니다.

"나는 나의 영혼을 하나님의 영원한 사랑과 자비에 맡깁니다."

(출처: 네이버 블로그 한나)

STEP3
돌아보기
Check-In

Q 마음으로 불안하고 근심되는 것이 있나요?

A 불안과 근심의 원인이 무엇인지 몇 가지만 적어 볼까요?

지난 2018년은 찬송가 109장 "고요한 밤, 거룩한 밤" 탄생 200주년을 맞이하는 해였습니다. 이 곡은 1818년 12월 24일, 오스트리아 오베른도르프(oberndorf)에 있는 성 니콜라스(St. Nicholas) 교회에서 시무하던 조셉 모어(Joseph Mohr) 신부와 오르가니스트가 공동으로 작업하여 그날 크리스마스이브 자정 예배에서 교회 성가대와 기타 반주로 처음 연주하였다고 합니다.

어릴 적부터 성탄절이 다가오면 많이 부른 찬송이었지만, 개인적으로 이 찬송이 감동으로 다가온 것은 2007년에 상영한 한 영화 때문입니다. 영화의 제목은 〈메리 크리스마스〉였습니다. 그런데 더 놀라운 것은 이 영화의 내용이 실화에 근거하여 제작되었다는 것입니다. 영화 〈메리 크리스마스〉(감독 크리스티앙 카리옹)는 2005년 11월 프랑스 전국 500여 개관에 동시 개봉하여 박스 오피스 상위권을 차지하여 흥행 기록을 세웠던 영화로, 크리스마스를 앞둔 12월에 국내에 개봉되었습니다. 이 영화의 줄거리는 다음과 같습니다.

배경은 1914년 1차 세계대전 중 프랑스 북구 독일군 점령지역, 100미터도 안 되는 거리를 사이에 두고 독일, 프랑스, 영국군의 숨 막히는 접전이 벌어지고 있었습니다. 이 전장에 참가한 사람들은 자원한 사람보다는 소집되어 전장에 참가한 사람들로 농부, 예술가, 빵 굽는 사람 등 다양한 직업을 가진 사람들이었습니다. 전쟁터에서의 크리스마스 전날, 영국군 쪽에 있는 신부가 잠시나마 전장의 긴장을 잊고자 백파이프를 불기 시작하면서 병사들이 함께 노래하기 시작됩니다. 100미터 거리 앞에 있는 독일군은 노래로 화답하고 크리스마스 단 하루를 위한 휴전 협정을 맺습니다.

갑자기 크리스마스이브의 눈 덮인 땅 위에 울려 퍼지는 성탄 캐럴로, 프랑스군, 영국군, 독일군들 모두 참호 속에서 눈 덮인 바깥으로 나옵니다. 처음엔 긴장과 불안감을 감추지 못하고 탐색하는 표정들이지만 그것도 잠시, 모두 마음을 놓고 친구가 됩니다. 서로 두고 온 아내 혹은 가족사진을 보여주기도 하고, 초콜릿과 샴페인을 교환하기도 하면서 대화의 문을 엽니다.

실제 이야기는 이렇습니다. 1차 세계대전 중에 독일의 황태자가 베를린 국립 오페라극장 소속의 테너를 전선으로 위문 연주차 보냈는데, 마침 크리스마스이브에 도착한 그가 지친 병사들을 위해 노래를 불렀다고 합니다. 그런데 가까이서 다음 공격 준비를 하고 있던 영국군 진영에서 박수가 터져 나왔고, 이를 계기로 그날 하루를 휴전하고 평화의 왕으로 오신 예수님의 탄생을 같이 축하하기로 했다고 합니다.

이 영화에서 빼놓을 수 없는 것 중 하나가 바로 음악의 힘입니다. 서로 대치하고 있는 전쟁터에서 크리스마스와 음악으로 적군을 향해 겨누었던 총기를 내려놓고 마음을 열고 잠시나마 하나가 될 수 있었습니다. 조금 전까지만 해도 서로 총부리를 겨누고 대치 중이던 그들이었지만 아기 예수의 탄생을 축하하며 함께 노래하는 그 순간, 마음속에 있던 공포와 증오와 분노의 철조망이 걷히며 모두 하나가 되어 평화를 노래하게 되었습니다.

평화의 왕으로 오신 예수님을 맞이하는 우리의 마음은 어떠합니까? 세상이 전쟁터와 같은 삶이라 할지라도 우리에게 평화와 위로자 되신 예수님을 기대하며 노래하는 것은 마땅합니다.

누가복음에 보면 예수님이 태어나신 날, 베들레헴 밖에서 양 떼를 지키던 목자들이 들은 천사의 노래가 나옵니다.

"지극히 높은 곳에서는 하나님께 영광이요 땅에서는 하나님이 기뻐하신 사람들 중에 평화로다"(눅 2:14)

STEP5
삶으로 살아내기
Living with Life

가장 위로가 필요한 자들에게 평화의 노래는 울려 퍼졌습니다. 추위와 졸음과 피곤함에 찌든 자들에게 평화의 노래는 들려졌습니다. 그리고 고대하던 메시아를 가장 먼저 찾아가 경배했습니다. 전쟁과 같은 세상에도 평화의 노래는 필요합니다. 만왕의 왕으로 오신 예수님의 탄생을 모두가 기뻐하며 경배하는 이 날(성탄절)을 맞이하도록, 우리의 삶의 자리에서 평화의 노래를 불러야 하겠습니다.

[세상의 전쟁과 아픔과 고통 가운데 평화를 구하는 기도]

나와 나의 가족, 교회 공동체 그리고 나라와 세상 모든 사람들 위에 예수 그리스도의 참된 평화를 구하는 기도문을 적어 봅시다.

5스텝
52주QT **52**

긍휼(a Heart of Pitiful)
참 사람의 모습

STEP1
말씀 읽기
Reading Bible

무리를 보시고 불쌍히 여기시니 이는 그들이 목자 없는 양과 같이 고생하며 기진함이라(마태복음 9장 36절)

STEP2
마음 닿기
Mind-Touching

영국에 토마스 무어 경이라는 믿음이 좋은 귀족이 있었습니다. 그런데 무고하게 중상모략을 받고 재판정에 서게 되었습니다. 재판관은 그의 무고함에도 불구하고 그에게 사형 선고를 내렸습니다. 그가 사형 선고를 받는 재판정에서 남긴 유명한 말이 있습니다. 무어 경은 자신에게 사형을 선도하는 재판관을 보고 이렇게 말했습니다. "재판관님, 오늘만은 내가 당신을 친구라고 부르게 해 주세요. 친구여, 당신과 나와의 관계는 바울과 스데반의 관계처럼 되기를 원합니다. 바울은 스데반을 미워해서 돌로 쳐 죽인 사람입니다. 그러나 나중에 바울이 예수를 믿고 나서 지금은 하나님 나라에서 스데반과 가장 가까운 친구로 손잡고 영원히 살고 있습니다. 당신이 나에게 사형을 언도했지만, 당신도 예수를 믿고 나중에 저 하늘나라에서 나와 함께 손잡고 영원토록 기뻐하고 행복하게 살기를 바랍니다." 그 말을 듣자 재판관이 충격을 받고 "나는 당신에게 사형을 언도하는데 당신은 어떻게 나에게 축복의 말을 할 수가 있습니까?"라고 물었습니다. 이때에 토마스 무어 경이 답합니다. "내가 그렇게 할 수 있는 것은 예수님이 나에게 먼저 긍휼을 베푸셨기 때문입니다." 우리는 하나님의 무한한 긍휼을 이미 경험했습니다. 그것은 우리가 다른 사람들을 축복해야 하는 이유이자 근거가 됩니다.

(출처: 다음 카페 '주영광교회')

STEP3
돌아보기
Check-In

Q 마음으로 '불쌍하다'고 생각한 것이 무엇이 있나요?

A 불쌍히 여긴 대상을 몇 가지 적어보고 그 이유가 무엇인지 간단히 메모해 보세요.

저명한 경제학자 제러미 리프킨은 그의 책『공감의 시대』에서 인간의 이기적 욕망의 역사를 극복할 방향으로 '공감'을 소개합니다. 인간의 역사는 투쟁과 경쟁 속에서도 타인을 향한 공감 안에서 끊임없이 발전해오고 선을 도모하기 위한 대안을 모색해왔습니다. 앞으로 다가올 세기를 준비하며 인류에게 반드시 필요한 것 역시 '공감'이라며, 그는 책을 아래의 내용으로 시작합니다.

1914년 12월 24일 저녁, 프랑스 플랑드르 지방에서 있었던 일입니다. 1차 세계대전은 다섯 달째 접어들고 있었고, 유럽 변방 곳곳에서 수많은 군인들은 급조한 참호 속에 아무렇게나 몸을 웅크리며 추위와 싸우고 있었습니다. 양측이 30미터에서 50미터도 채 떨어지지 않은, 엎어지면 코 닿을 거리를 두고 대치하는 곳이 부지기수였습니다. 게다가 참호 속은 물이 흥건하고, 쥐와 해충이 우글거렸습니다. 마땅한 화장실이 부족한 탓에 곳곳에서는 변 냄새까지 진동했습니다. 이런 진창에서 병사들은 선 채로 잠을 잤고, 죽은 병사들의 시체를 매장할 수 없어 살아있는 동료들이 지켜보는 가운데 썩어 갔습니다.

전장에 땅거미가 깔릴 무렵, 희한한 일이 벌어졌습니다. 독일군 병사들이 크리스마스트리 수천 개에 촛불을 붙이기 시작한 겁니다. 위문용으로 보내진 자그마한 트리였습니다. 트리를 밝힌 병사들은 캐럴을 부르기 시작했습니다. "고요한 밤, 거룩한 밤, 어둠에 묻힌 밤..." 캐럴 여러 곡이 연이어 불러졌습니다. 이를 지켜보던 영국 병사 몇몇이 머뭇거리며 박수를 쳤습니다. 박수가 이어지자 조금 뒤엔 환호성까지, 또 영국 병사들도 캐럴을 부르며 적에게 화답하고 상대 병사들에게 똑같이 열렬한 박수를 받았습니다.

분위기가 무르익으며 양쪽에서 몇몇 병사들이 참호 밖으로 기어 나와 무인지대를 가로질러 서로를 향해 걷기 시작했습니다. 그러자 수백 명이 뒤를 따랐고 곧 이어 수천 명의 병사가 참호 밖으로 쏟아져 나왔습니다. 그들은 악수를 나누고 담배와 비스킷을 서로에게 건넸으며 가족사진을 꺼내 보여주었습니다. 서로 고향 이야기를 하며 지나간 크리스마스 추억을 나누었고 이 터무니없는 전쟁을 키득거리며 비웃었습니다.

다음 날 아침, 크리스마스의 태양이 유럽의 전장 위로 솟아올랐을 때에도, 수천 명의 병사들은 여전히 조용히 이야기를 나누고 있었습니다. 어림잡아 10만 명이 넘는 숫자였습니다. 불과 24시간 전만 해도 적이었던 그들은 서로 도와 가며 죽은 동료들을 묻었습니다. 축구 시합을 벌였다는 보도도 남아있습니다. 꿈같았던 '크리스마스 휴전'은 시작만큼이나 갑자기 끝나 버렸습니다. 그야말로 순식간의 해프닝이었고 전쟁은 결국 1918년 11월에 850만 명의 병사의 죽음을 뒤로하고 그때까지 기록으로 역사상 가장 큰 인명 피해를 내며 끝났습니다. 겨우 하루, 몇 시간이라는 짧은 순간이지만 수 만 명의 인간들은 장교, 사병 할 것 없이 계급을 가리지 않고 국가에 대한 충성심도 접어 둔 채 오직 보편적인 인간성만 보여주었습니다. 전장에 버려진 채 죽고 부상당하는 상황에서도, 그들은 용기 있게 제도적 의무에서 벗어나 서로를 불쌍히 여기고 서로 살아있음을 축하한 것입니다.

전장은 으레 개인의 일상적인 삶을 넘어 고귀한 대의명분을 위해 기꺼이 죽거나 죽이겠다는 의지 하나로 영웅심을 가늠하는 현장입니다. 그러나 이들 병사들은 다른 종류의 용기를 택했습니다. 서로의 사사로운 고통에 손을 뻗어 상대방의 곤경에서 위안을 찾았습니다. 무인지대를 서성이며 그들은 상대방에서 자신의 모습을 발견했습니다. 개인적인 나약함에 대한 말로 표현할 수 없는 깊은 느낌과 아무런 보상도 바라지 않고 오로지 동료 인간과의 유대감에 대한 갈망에서 서로를 위로할 수 있는 힘이 흘러나온 것입니다.

STEP5
삶으로 살아내기
Living with Life

성탄의 기적을 통해 우리는 진정한 인간의 모습을 가늠해볼 수 있습니다. 그것이 주님의 오심의 이유입니다. 그분이 가장 높은 곳에서 가장 낮은 곳으로 오신 이유는 그 마음에 긍휼함이 있었기 때문입니다. 가장 온전한 사람이셨던 예수께서는 상대방의 고통에 손을 뻗고, 곤경에 처한 자의 옆에 앉아 친구가 되고, 상대의 형편을 깊이 헤아려 인간적 유대감을 나누는 모습을 보여주셨습니다. 예수께서 이 땅에 구현해주신 하나님 나라에 속한 사람의 모습을 다시 회복해야 할 것입니다. 주님은 곧 다시 오십니다. 이 땅에서 하나님 나라를 살아내는 이들의 마음에서부터, 하나님 나라가 보여질 것입니다.

[예수의 긍휼을 닮게 해 달라는 기도]
우리는 긍휼의 대상이었고 이로 인해 하나님의 구원의 은혜를 받았습니다. 세상 사람들을 극진히 사랑하신 예수님처럼 우리의 마음에 예수님의 마음을 달라고 기도하며 그 마음을 적어봅시다.